Matthias Kiefersauer

Weltstadt mit Föhn

Matthias Kiefersauer

Weltstadt mit Föhn

Eine Münchner Pflichtlektüre

Mit Fotos von Volker Derlath

LangenMüller

Für Anja

Besuchen Sie uns im Internet unter
www.langen-mueller-verlag.de

Schutzumschlag: Wolfgang Heinzel
Motiv: Volker Derlath
Satz: VerlagsService Dr. Helmut Neuberger
& Karl Schaumann GmbH, Heimstetten
Gesetzt aus der 11,25/14 Punkt Adobe Garamond
Druck und Binden: Graspo, Zlín
Printed in the Czech Republic
ISBN 978-3-7844-3277-9

Vorwort

Meine steile Karriere als Kolumnist begann im Herbst 1984. Damals spielten wir, die Großen aus der 6. Klasse, in der Pause immer Fußball. Die Kleinen aus der Fünften interessierten uns nicht, da hatten wir unsere Prinzipien. Trotzdem fiel mir irgendwie dieser Mike aus der 5c auf. Der konnte nämlich mit rechts und mit links schießen. Und deshalb setzte ich mich sehr dafür ein, dass er bei uns mitspielen durfte.
24 Jahre später wurde der kleine Mike aus der Fünften befördert. Er leitet jetzt das München-Ressort des *Münchner Merkur*. Und als er im Sommer 2008 Autoren für die tägliche Kolumne *Münchner Freiheit* suchte, konnte er sich endlich revanchieren für meine gute Tat aus dem Herbst 1984: Diesmal ließ Mike mich mitspielen. Seit August 2008 erscheint jeden Samstag eine Kolumne von mir im *Münchner Merkur*. Es sind Geschichten über München und über Münchner, Blicke aus dem Glockenbachviertel auf die geliebte Lieblingsstadt, die zuweilen irrsinnig nervt.
Was als eine Art Ausgleichssport zu meiner eigentlichen Arbeit begann, entwickelte sich schnell zur Leidenschaft. Es floss mehr Herzblut in die Texte als gedacht. Und die Vorstellung, dass mein Herzblut am Sonntagabend im Altpapier der Leser landet, war nicht gerade mein Lieblingsgedanke in den letzten zweieinhalb Jahren. Umso schöner, dass es jetzt dieses Sammelbändchen gibt mit den besten Kolumnen aus meinen ersten zweieinhalb Jahren als Kolumnist. Obwohl es ja eigentlich 26 Jahre waren.

Sommer reloaded

Meine erste große Liebe war natürlich meine Mutter. Aber schon bald darauf folgte die Spider Murphy Gang. Ich war acht und mochte die Musik – und ganz nebenbei erweiterten die Texte von Günther Sigl meinen Wortschatz, und zwar in die Horizontale. »Nutten«, die sich »draußen vor der großen Stadt ... die Füße platt« stehen, waren in meinem Elternhaus nämlich selten Tischgespräch. Dafür ging es in meinem Kinderzimmer monatelang um nichts anderes. Als ich besagte »Nutten« in einem Deutschaufsatz erwähnte, war der Übertritt ins Gymnasium für kurze Zeit gefährdet. Und dennoch: Für meine erste Platte, das Opus *Dolce Vita* der Spider Murphy Gang, schäme ich mich heute nicht. Für meine erste Freundin dagegen ... ach, lassen wir das!

Vor Kurzem bin ich über ein altes Lied der Spider Murphy Gang gestolpert: *Sommer in der Stadt*. Im Internet wird es als der Inbegriff des Münchner Lebensgefühls gefeiert. Eine gewagte Behauptung, denn das Stück ist 27 Jahre alt. Kinder, die gezeugt wurden, als *Sommer in der Stadt* erstmals im Radio lief, haben mittlerweile mit ihren Start-up-Unternehmen Millionen gemacht, haben ihre Modelkarriere schon wieder beendet oder dürfen als Ärzte Organe verpflanzen. Und

das Münchner Lebensgefühl soll trotzdem immer noch das gleiche sein?

Ich bezweifle das. In der zweiten Strophe heißt es zum Beispiel: »I schlürf an Eiskaffee im Rialto und schau den junga Hasn nach.« Da wird jeder 27-jährige Start-up-Unternehmer stutzig. Im Internet ist zwar noch zu erfahren, dass das Rialto ein Eiscafé in der Leopoldstraße war. Aber dass sich dort junge Hasen tummelten, ist unvorstellbar – zumindest für diejenigen, die unter Hasen kleine Tierchen mit großen Ohren verstehen. Darum sei kurz erklärt: Hätte Sara Nuru damals schon in München gelebt, wäre sie ein »Hase« gewesen – und nicht »Germany's next Topmodel«.

Ich meine, *Sommer in der Stadt* gehört umgetextet – oder, wie man heute so sagt, wenn man das Wort »Hase« nicht kennt: reloaded. Liebe Spider Murphy Gang, ich helfe Ihnen gerne! Wir schreiben ein Lied über Sara Nuru, über die Eisbachsurfer und den Stau wegen der Blade-Night. Und wenn es kein Hit wird, dann habe zumindest ich mir einen Kindheitstraum erfüllt.

Prenzelberg – Beuerberg

Das Glockenbachviertel hat manchmal einen etwas sonderbaren Ruf. Glaubt man den gängigen Vorurteilen, so tummeln sich auf den Spielplätzen meiner Nachbarschaft duftende Mütter, die sich gegenseitig selbst gebackenen Kuchen anbieten und den Unterschied zwischen Yoga und Pilates erörtern. Die zugehörigen Kinder heißen eher Friedrich als Kevin und trinken am liebsten Litschi-Limonade aus bio.

Böse Zungen behaupten jedenfalls, im Glockenbachviertel wohnen die Menschen, die es nicht auf den Prenzlauer Berg geschafft haben. Auch wenn ich jetzt eine zukünftige Ehrenbürgerschaft der Stadt Berlin riskiere: Bei mir ist das anders – ich wollte nie auf den Prenzlauer Berg ziehen. Oder heißt es: in den Prenzlauer Berg? Oder nach Prenzlauer Berg? Oder sollte man überhaupt besser Prenzelberg sagen? – Schon allein diese Formulierungsnot zeigt, wie kompliziert Berlin für mich ist. Vielleicht bin ich ja nur ein kleingeistiges Landei, das nicht über seinen Glockenbacher Tellerrand blicken will. Aber spätestens, seitdem ich in der Klenzestraße auch mitten in der Nacht eine ernst zu nehmende Currywurst auf selbigem Teller finden kann (vermutlich nicht bio – sorry, Friedrich!), haben sich für mich sämtliche Gedankengänge in Richtung Berlin erledigt.

1 Glockenbach
Maibaum
2008
SUB e.V.

Warum aber dann das Glockenbachviertel? – Ein Erklärungsversuch: Letzten Sonntag wurde ich von Blasmusik geweckt. Die katholische Gemeinde St. Maximilian feierte Fronleichnam – und zwar, sehr stilsicher, vor dem Café Maria. Man hatte Bierbänke aufgestellt und Tischdecken mit blau-weißem Rautenmuster darüber geworfen. Die Kellner trugen Tracht. Und die duftenden Mütter, die es wirklich in meiner Nachbarschaft gibt, strahlten in der Vormittagssonne. Das Viertel sah für ein paar Stunden eben nicht aus wie Prenzelberg, sondern wie Beuerberg. Und genau da wurde mir wieder einmal bewusst, warum ich so gerne im Glockenbachviertel lebe: Mein Viertel kann ein Dorf sein – und eine Weltstadt. Wenn andere zusätzlich noch Litschi-Limonade zu ihrem Glück brauchen, dann ist das ihr Problem.

Morgenmassen

Ich lebe gern in München. Schwierig wird es für mich nur, wenn ich für kurze Zeit die Stadt verlassen muss. Freilich: Ein Tagesausflug nach Unterföhring belastet mich nicht zu sehr. Aber ein bisschen weiter entfernt begegnen einem dann schon verblüffende Vorurteile. In Nürnberg erlebte ich es beispielsweise einmal, dass man eine etwas überspannt wirkende Frau als »Hobby-Münchnerin« bezeichnete. Und in Indien, so erzählt mein Freund Stefan, waren alle der Meinung, der Englische Garten wäre so eine Art Freiluft-Swinger-Club. Schließlich seien da ja ausschließlich nackte Menschen unterwegs. Machen wir uns nichts vor: So schön die Stadt München ist – so schlecht ist ihr Ruf.

Lange Zeit konnte ich mir nicht vorstellen, wie so ein schlechter Ruf entsteht. Doch dann kam mein italienischer Freund Luigi zu Besuch. Zweimal. Und diese vier Nächte in unserer Stadt reichten völlig aus, um den Ruf Münchens in Italien zu gefährden. Ich hoffe auf unseren bayerischen Papst – vielleicht kann der ja noch etwas retten.

Aber von vorne: Wie es sich für einen Italiener gehört, besuchte mich Luigi erstmals zur Zeit des Oktoberfests, also im September. Dieser

Widerspruch allein ließ ihn schmunzeln. Doch das Lachen sollte ihm noch vergehen. Irgendwann fragte er mich nämlich, wann wir denn aufbrechen müssten, um einen Platz in einem Bierzelt zu ergattern. Ich sagte: »Um 8 Uhr!« Er lächelte zuversichtlich. Doch dann ergänzte ich ein Wort: »Morgens« – und Luigi wurde ernst.

Im Juli darauf besuchte er mich wieder. Diesmal wollte er einen Biergarten sehen. Und ich beschloss, ihm eine der schönsten Biergartenattraktionen der Stadt zu zeigen: den Kocherlball im Englischen Garten. Ich weckte Luigi um fünf Uhr morgens. Wir radelten durch die menschenleere Stadt. Luigi schimpfte. Dann bogen wir einmal um die Ecke, und alles war voll – erst der Biergarten, später auch Luigi.

Keine Frage: Luigi gefielen diese Münchner Bierspektakel. Und trotzdem frage ich mich, was er wohl von München erzählt. Oder noch besser: Was für ein Bild von München entsteht, wenn sich Luigi mit einem Inder über unsere Stadt unterhält? – Im Englischen Garten stehen lauter Nackte frühmorgens um Bier an. Danach haben sie hemmungslosen Sex bis September. Aber sie sagen Oktober dazu. Na bravo!

Auf der roten Wolke

Es begann mit einem harmlosen Geburtstagsgeschenk. Felix wurde vier. Und da seine Eltern keine Ahnung von Fußball haben und zudem gefährlich nah am Grünwalder Stadion wohnen, wies ich ihm den Weg. Der Bub bekam einen roten Schal geschenkt und ein Büchlein über den FC Bayern. Da stehen interessante Fakten drin: die Rückennummern der Bayern-Profis etwa, ihre Geburtsdaten oder Lieblingsspeisen. Am Abend seines Geburtstages las ich dem Kleinen aus dem Bayern-Büchlein vor, sagte ihm »Gute Nacht!« und ging heim.

Was ich damit angerichtet habe, wurde mir letzte Woche von einem recht ermatteten Elternpaar erklärt: Felix hat sich nämlich in der Zwischenzeit ziemlich intensiv mit meinem Geschenk beschäftigt. Genau genommen hat er sich das Bayern-Büchlein so oft vorlesen lassen, dass er es jetzt auswendig kann. Die Gebrüder Grimm konnten da irgendwann nicht mehr mithalten. Mag schon sein, dass der böse Wolf sechs Geißlein auffrisst. Philipp Lahms Lieblingsspeise dagegen ist Sauerbraten mit Spätzle. Und das, so Felix, sei doch viel interessanter.

Weltmeister

Bei Tisch beglückt Felix seine Eltern jetzt mit Feststellungen wie: »Der Breno hat auch im Oktober Geburtstag. Genau wie ich.« Oder er lässt Mama und Papa stundenlang raten, wie die Kinder von Ivica Olic heißen (der Form halber: Sie heißen – tatsächlich! – Luca und Toni). Und als Felix neulich in seinem Kripperl den Dunkelhäutigen unter den Heiligen Drei Königen entdeckte, sagte er ganz begeistert zu seiner Mama: »Der schaut aus wie der Edson Braafheid.« Kurzum: Felix schwebt auf einer roten Wolke durch München. Und seine Eltern, die bis vor Kurzem nicht einmal den Unterschied zwischen Gerd und Thomas Müller kannten, leiden.

Ein unnützes Geschenk also? – Von wegen: Felix kann plötzlich von 1 bis 44 zählen, also von Michael Rensing bis Anatoliy Tymoshchuk. Allerdings kommt er um die Zahl 25 herum immer ein bisschen ins Straucheln, weil die Rückennummern 24, 26 und 27 beim FC Bayern nicht vergeben sind. Dennoch: Ein Grundstein ist gelegt. Vielleicht wird Felix ja eines fernen Tages Mathematiker, oder besser: Professor der Mathematik! Und das nur wegen mir und dem FC Bayern. Ach, schön wär's!

Müller aus München

Das mit dem Millionendorf hat Severin irgendwie falsch verstanden. »Warum kennst du den Thomas Müller nicht?«, fragte er mich verwundert. Severin ist sechs und kennt schließlich auch alle aus seinem Dorf. Alle achtundzwanzig. Bei Thomas Müller, München und mir ist das natürlich anders. Wo in meinem Millionendorf hätte ich ihn denn treffen sollen? – Die Zeiten, da sich Nationalspieler als Schauspieler versuchen, sind vorbei. Wer jemals Paul Breitners Auftritt in *Potato Fritz* gesehen hat, weiß, warum.

Die großen Fußballer meiner Stadt, auf die ich bis mindestens heute Nachmittag um 16 Uhr stolz sein werde, leben zwar zum Teil bei mir ums Eck, aber dennoch in einer anderen Welt. Unsere Wege kreuzen sich einfach nicht. Obwohl: Einmal bin ich dem Bastian Schweinsteiger in der Innenstadt begegnet, aber er war wahrscheinlich zu schüchtern, um sich als Fan von mir zu outen und hat mich deshalb nicht um ein Autogramm gebeten.

Was Bastian Schweinsteiger und all meine anderen Fans, also meine Eltern, sehr beruhigen wird: Derzeit stecke ich wieder in Dreharbeiten. Ohne Fußballer. Aber daran sind wir diesmal selbst schuld. Neu-

lich drehten wir nämlich in einem italienischen Restaurant in Giesing. Zwei Tage lang blieb die Küche kalt und das Restaurant geschlossen – wegen uns. In einer Umbaupause bekam ein Schauspieler plötzlich riesige Augen. »Da draußen steht Gerd Müller!«, sagte er. Ich blickte hinaus. Da stand er tatsächlich, der Bomber der Nation, der mich im zarten Alter von elf Monaten zum Fußballweltmeister gemüllert hatte. Und unser Aufnahmeleiter erklärte ihm gerade, dass er heute leider seinen Espresso woanders einnehmen müsse. Müller nickte und verschwand.

Wenige Minuten später steckte mir unser Aufnahmeleiter eine Autogrammkarte von Gerd Müller zu. Und ich beschloss, sie meinem kleinen Freund Severin zu schenken. Severin bedankte sich und betrachtete den grauhaarigen Mann auf der Karte. Dann sagte er: »Warum kennst du den Thomas Müller nicht, wenn du doch seinen Papa kennst?«

Das mit den Müllers aus München hat Severin irgendwie auch falsch verstanden.

Schmerz und Schmach

Endlich habe ich etwas mit Franck Ribéry gemeinsam: Ich bin verletzt. Natürlich: Ribérys Verletzung scheint wichtiger zu sein. Sie füllte das Sommerloch in den Sportteilen der Münchner Zeitungen. Bei mir reicht es nur zu einer einmaligen, kurzen Meldung, hier und jetzt, und die muss ich auch noch selbst schreiben.

Es geschah am Dienstag vor einer Woche. Mein Trainingsplan für den München Marathon sah einen Zehnkilometerlauf vor: vom Glockenbachviertel in die Hirschau und zurück. Ausgerechnet am Wendepunkt, fünf Kilometer entfernt von zu Hause, passierte es: Erst kam der Schmerz. Die Achillessehne. Dann kam die Schmach. Eine Dreiviertelstunde lang humpelte ich an der Isar entlang. Autoscheinwerfer grinsten mir ins Gesicht. Jugendliche machten sich einen Spaß daraus, mich anzufeuern. Die größte Erniedrigung aber folgte an der Corneliusbrücke: Eine Gruppe Nordic-Walkerinnen überholte mich, vertieft in ein Gespräch über Schichtsalat.

Kurzum: Ich leide. Und jetzt auch noch die Wiesn! Nicht, dass ich ein Wiesnmuffel wäre. Ich bin durchaus bereit, auch im September Fasching zu spielen, die Lederhose anzuziehen und so zu tun, als

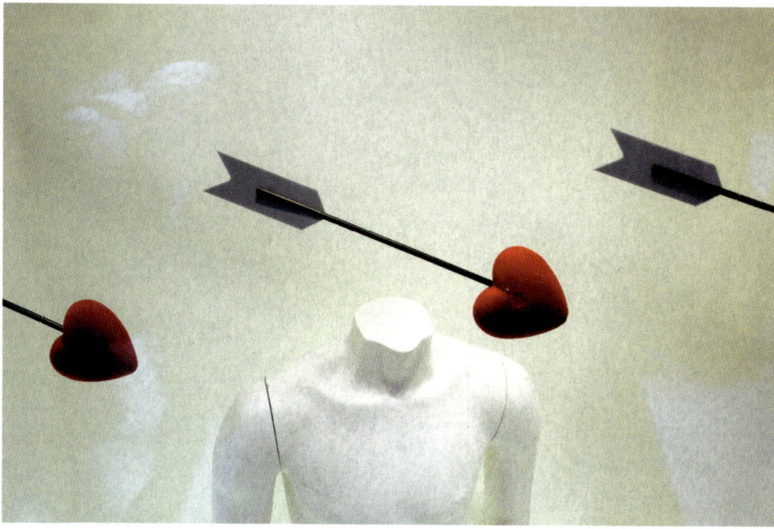

wäre DJ Ötzi der größte Komponist unserer Tage. Aber wer eine Woche nach Wiesnende einen Marathon laufen will, der hat ein anderes Problem: Viren aus aller Welt, die die Touristen traditionellerweise mit nach München bringen. Ich kenne einen Läufer, der musste seinen großen Traum vom Marathon begraben, nur weil eine charmante, wenngleich hustende Australierin einmal aus seinem Bierkrug trinken wollte. Dafür habe ich jetzt nicht monatelang trainiert, für einen Schnupfen aus down-under. Andererseits: Sollte ich jetzt noch länger verletzt sein, dann lasse ich die Australierin vielleicht schon trinken.

Dem Franck Ribéry, meinem berühmten Co-Rekonvaleszenten, stellt sich diese Frage erst gar nicht. Der ist nämlich Sportler und Moslem. Der trinkt kein Bier, gleich zweimal nicht.

Arbeit ist Scheiße

November-Berufe

Der November ist bekanntlich ein Unsympath. Er zwingt einem Gedanken auf, für die man sich dann im Mai schämt. Damit meine ich nicht den Entschluss, fürs Erste nicht mehr joggen zu gehen und somit das Freibad-Kampfgewicht zu verlieren. Es geht um größere Dinge, um die wesentlichen Fragen des Lebens: Bin ich ein guter Mensch, obwohl ich einmal einen bösen Witz über die Oberpfalz riss? Warum habe ich immer noch nicht Natalie Portman kennengelernt? Und vor allem: Habe ich den richtigen Beruf oder sollte ich besser meinen Cousin anrufen und mich bei ihm um eine Lehrstelle als Fliesenleger bewerben?

Derartiges Gedankengut schwappte durch meine Hirnrinde, als ich in den letzten Tagen durch München schlich. Doch ich fand Trost. Der nährt sich aus meiner langjährigen Erfahrung mit Novembergedanken – und aus einigen Beobachtungen im Münchner Alltag. Anders gesagt: Meine berufliche Herbstdepression wird wieder einmal auf unerklärliche Weise mit der vierten Feuerzangenbowle am Rindermarkt verschwinden. Und außerdem sollte ich nicht so jammern. Denn andere Münchner haben Berufe – da ist das ganze Jahr November.

Ich möchte zum Beispiel nicht Paketfahrer im Glockenbachviertel sein. Dazu sind mir die Straßen zu eng – und die Menschen zu nervös. Und ich möchte auch nicht an der Kasse von Dr. Döblingers geschmackvollem Kasperltheater sitzen, vor allem nicht kurz vor Vorstellungsbeginn, wenn die Karten schon alle weg sind, aber vor der Kasse lauter Vierjährige stehen, die sich seit zwei Tagen tierisch auf den Theaterbesuch freuen.

Den trostlosesten Beruf der Stadt entdeckte ich allerdings neulich im Haus der Kunst, beim Besuch der großartigen Ai-Weiwei-Ausstellung. Da ist ein Kunstwerk zu sehen, bei dem eine Unmenge

Sonnenblumenkerne fein säuberlich aufeinandergeschlichtet sind. Die Kerne sind aus Porzellan und ein bisschen größer als gewöhnlich. Kurzum: Es gibt derzeit kein anderes Kunstwerk in ganz München, das man so gerne anfassen würde wie dieses. Und genau das zu verhindern, ist der Beruf eines Mitmünchners. Er steht daneben und muss mahnen. Den ganzen Tag. Der arme Kerl – hätte ich die Nummer meines Cousins dabeigehabt, ich hätte sie ihm sofort gegeben.

34 Semester später

Im Herbst werden die Menschen sentimental. Da sieht man ein Blatt vom Baum schweben und denkt schlagartig über den eigenen Tod oder die Wiedervereinigung von Take That nach. Schlimme Gedanken jedenfalls sind das Beiwerk des welken Blattwerks. Ich ertappe mich beispielsweise immer öfter dabei, junge Menschen in der U-Bahn zu beobachten. Das Wintersemester hat nämlich begonnen. Und in der Maxvorstadt wimmelt es von Mädchen, die »irgendwas mit Medien« machen wollen – und Jungs, die irgendwas mit Mädchen machen wollen.

Manchmal werde ich dann ein bisschen neidisch auf die Erstsemestler. Denen liegt München zu Füßen. Die Stadt will erobert werden. Bald schon werden sie begeistert im Café Schneller in der Amalienstraße sitzen, weil es da Kuchenstücke gibt, so groß und gut wie bei Oma. Das Schöne am Schneller ist, dass man dort nicht neben der nervigen Tante Maria aus Mittelfranken sitzt, sondern neben der charmanten Anne-Marie aus dem Mittelhochdeutsch-Kurs. Man macht Pläne, gemeinsam. Anne-Marie schlägt vor, einmal mit dem Floß von Wolfratshausen nach München zu fahren. Eine Woche später gibt sie kleinlaut bekannt, dass die Floßfahrten im Winterseme-

ster nicht stattfinden – und auch ein bisschen mehr kosten als die geschätzten zehn Euro. Da stellt man sich dann lieber auf den Alten Peter und hofft auf einen heftigen, kalten Herbstwind, damit man sich gegenseitig die Hände wärmen darf.

Ach ja, Vorlesungen, Seminare und Bibliotheken besuchen muss man auch als Student. Das hatte ich jetzt ganz vergessen, ist ja auch 34 Semester her bei mir.

Manchmal kommt es einem trotzdem so vor, als wäre es gestern gewesen. Neulich packte mich wieder einmal der Jugendwahn. Ich verkleidete mich mit einem Kapuzenpulli und schlich ins Café Mozart, einer eher studentischen Kneipe am Sendlinger Tor. Rein aus Nostalgie bestellte ich ein Schnitzel Wiener Art. Früher haben wir uns hier satt gegessen und darüber diskutiert, ob das Schnitzel auf dem Teller größer sei als eines im Steinheil. Mittlerweile hat sich diese Frage erledigt. Bei meinem Besuch im Mozart schaffte ich gerade mal ein halbes Schnitzel. Als ich das Besteck zur Seite legte, wurde mir eines klar: Mein Studentenleben ist endgültig Vergangenheit. Eine herbstliche Erkenntnis, fast so schlimm wie die Wiedervereinigung von Take That.

Braune Flecken, blaue Flecken

Drei Dinge muss Barack Obama in den Griff kriegen: die Finanzkrise, den Klimawandel und die Nöte der Menschen, die morgens vom Glockenbachviertel nach Unterföhring radeln. Für den Fall, dass der neue US-Präsident nicht entsprechend gebrieft wurde: Zu Letzteren zähle derzeit auch ich. Ich arbeite nämlich als Regisseur in einem Fernsehstudio – das ist in etwa so wie US-Präsident, nur dass ich nicht auf die ganze Welt aufpassen muss, sondern lediglich auf eine Hand voll bayerischer Schauspieler.

Mein Arbeitsweg ist ein Traum. Ich fahre einmal zur Isar und steche dann auf dem Fahrradweg nach Norden, vorbei am Deutschen Museum, am Maximilianeum, am Friedensengel, anschließend längs durch den Englischen Garten und einmal über die Isar. Eigentlich eine Münchner Touristenroute, wirklich sagenhaft! Es sei denn, es ist Januar.

Vor zwei Wochen, an unserem ersten Tag im Studio, regnete es beispielsweise. Ich nahm trotzdem das Fahrrad – und bereute dies bald. Die Strecke durch den Englischen Garten führt nämlich über einige ungeteerte Wege. Und die Hälfte aller Pfützen auf diesen Wegen

beschloss spontan, mich zu begleiten – auf meiner Hose und meinen Schuhen. Ich schämte mich: Wer dermaßen dreckig antritt, dem traut doch keiner eine saubere Regiearbeit zu! Tagelang verschenkte ich mein Pausenbrot, um die Schauspieler für mich zu gewinnen.

Danach kam die Kälte. Als ich zu Hause mein Rad auf die Straße schob, freute ich mich sogar über das trockene Wetter. Heute würde es keine Flecken geben! Doch dann erreichte ich den Englischen Garten und lag sofort auf der Nase. Die Pfützen auf den Wegen hatten sich in Eisflächen verwandelt. Statt der braunen Flecken auf der Kleidung gab es nun blaue Flecken auf dem Schienbein.

Ich stieg trotzdem wieder auf und schlitterte meiner Arbeit entgegen. Mit Löwenmut, im Schneckentempo. Ich kam natürlich viel zu spät. Im Studio erwartete mich feixend eine Hand voll bayerischer Schauspieler. Ich drückte einem mein Pausenbrot in die Hand. Der Arbeitstag konnte beginnen.

Hits für den Herbst

Natürlich fahre ich zur Berlinale. Aber dies geschieht mit einem unguten Gefühl im Bauch. Denn während sich in Berlin die Filmwelt trifft, wird es in München höchste Zeit, sich einem anderen Thema zu widmen: dem Wiesnhit. Freilich: Es sind noch sieben Monate bis zu Christian Udes Weltrekord (ich hoffe, ich verrate damit nicht zu viel über das diesjährige Anzapfen). Aber ein Wiesnhit muss eben auch reifen.

Ich weiß das aus eigener Erfahrung. Im letzten Jahr habe ich nämlich für meinen Fußballspezi Roland, der seit zwei Jahren als Bürgermeista recht erfolgreich Musik macht, ein Lied getextet: eine Abschlepphymne namens *Gehst no mit?,* moralisch nicht ganz einwandfrei, aber gerade deswegen in meinen Augen ein würdiger Nachfolger für *Komm, hol das Lasso raus!,* in dem es ja vor Sado/Maso-Anspielungen nur so wimmelt. Das Problem war: *Gehst no mit?* erschien zur Wiesn, also im September. Vielmehr wurde es da zum Download angeboten. Aber die Dirigenten der Blaskapellen gehen nach einem halben Tag im Bierzelt leider nicht sofort ins Internet, um dort weitere Wiesnhits zu googlen. *Gehst no mit?* wurde also kein Hit. Nur kleinlaut schiebe ich hinterher: bisher.

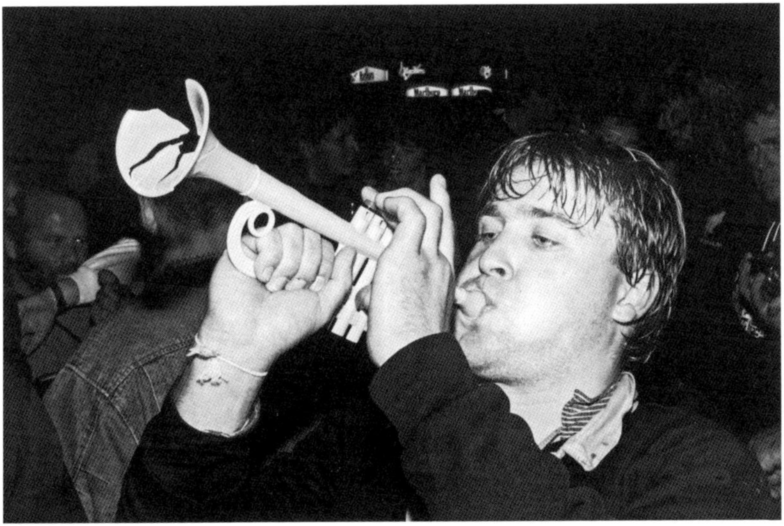

Vielleicht klappt es ja in diesem Jahr, mit einem längeren Anlauf. Ein Wiesnhit sollte sich nämlich beim Après-Ski in Garmisch bewähren oder bei dieser fast vergessenen Tradition namens Münchner Fasching. Er sollte auch den ein oder anderen Sommerurlauber auf Mallorca beglücken, bevor dann Mitte September die große Stunde des einfachen Liedes schlägt. Wiesnhits sind nämlich immer einfach. Im Idealfall sollten ihn auch Australier grölen können, die des Deutschen nicht mächtig sind, dafür aber betrunken und nackt.

Allerdings gibt es für das Jahr 2011 mächtige Konkurrenz. Ausgerechnet Stefan Dettl, der Sänger und Trompeter der von mir sehr geschätzten LaBrassBanda, hat unlängst eine Single veröffentlicht, die erstens ins Ohr geht und zweitens über einen nach Wiesn-Kriterien unschlagbaren Refrain verfügt: »Düdüdüb, Düdüdüb, Düdü-Rockstar!« – Am Dienstag spielte Stefan Dettl schon bei der Ski-WM Garmisch. Wenn sich das bis Sydney rumspricht, habe ich wieder keine Chance.

Wenn Engel trinken

Wiesn wird's! Die Zeichen sind untrüglich: Mein Freund Tommy kann nachts nicht mehr betrunken über die Theresienwiese radeln, ohne gegen einen Bauzaun zu donnern. In den Getränkemärkten gibt es wieder Oktoberfestbier (was exakt Tommys Problem war) – und in den Tageszeitungen Werbung für Trachtengeschäfte.

Da werden ja unglaubliche Fotos veröffentlicht, beispielsweise von einer Frau mit Engelsflügeln, die eine Trompete so hält, als wäre sie eine Schnapsflasche. Natürlich trägt die Frau auch ein Dirndl. Aber sie schaut so, als wollte sie es möglichst schnell wieder ausziehen, um mit dem Betrachter ins Bett zu gehen. Eigentlich eine beachtliche Leistung: Ein Foto einzurichten, das sowohl den Lehrer Vogl, der einst den ersten bayerischen Trachtenverein gründete, als auch Miles Davis im Grab rotieren lässt. Aber kein Vorwurf – die Wiesn ist ein wichtiger Wirtschaftsfaktor der Stadt. Und irgendwer wird sich schon zum Dirndlkauf animiert fühlen durch einen trinkenden Engel mit Schlafzimmerblick.

Vielleicht bin ich ja nur neidisch. Denn natürlich würde ich auch gerne einmal an der Wiesn verdienen (nicht zu verwechseln mit: auf

der Wiesn bedienen – das will ich nämlich garantiert nicht). Und es gab eine Zeit, da war ich ganz kurz davor.
Im Sommer 2001 texteten nämlich mein langjähriger Mitbewohner und ich einen Wiesnhit. Auf die Melodie von *Kalinka* formulierten wir die endlos schönen Worte: »Dann trink ma, dann trink ma, dann trink ma a Mass.« Das Problem, das sich uns danach stellte, war: Elvis war tot. Und von Dieter Bohlen hatten wir keine Nummer. Und Ralph Siegel wollten wir nicht kennenlernen, weil wir Angst hatten, dass er uns dann seine Tochter vorstellt. Also schickten wir unseren Text an unsere beiden Freunde Robert und Roland. Die lachten kurz – und machten nichts draus. Das Volk tröstete sich mit DJ Ötzi.

Jetzt, da die Wiesn 2009 naht, wird der diesjährige Wiesnhit gesucht. Hoch im Kurs ist ein Song namens *Locker macha* von einem Sänger namens Bürgermeista. Und ob Sie's glauben oder nicht: Der Bürgermeista ist mein Freund Roland. Hat der doch jetzt tatsächlich einen Wiesnhit geschrieben! Bloß leider mit dem falschen Text.

Mir ren' boarisch
und Du?
EL COMANDANTE

Irre bayerisch

Im Internet fand ich diese Woche eine interessante Liste: »Was ein echter Münchner auf der Wiesn macht«. Wieder einmal musste ich feststellen, wie wenig echter Münchner ich bin. Ich bin zum Beispiel noch nie Toboggan gefahren. Denn wenn ich mich blamieren will, schaffe ich das auch, ohne dafür zu bezahlen. Ich habe auch noch nie einer Frau ein Lebkuchenherz umgehängt, das dann sagen soll, wofür ich zu verklemmt bin. Und noch einen dritten Punkt der Liste habe ich bisher ausgelassen: Ich habe noch nie versucht, Preußen Bayerisch beizubringen.

Ich stünde ja durchaus zur Verfügung, zumindest für ein paar ausgesuchte Mitbürgerinnen. Aber Julia Jentsch dreht wahrscheinlich gerade. Und Natalie Portman ist nicht einmal Preußin. An mich und meinen Dialekt wanzen sich nur so Ulfs heran, wie dieser Typ neulich im Lehel, der mit seinem Cabrio neben mir parkte und viel zu laut telefonierte. Redlich mühte er sich, möglichst oft »bissl« oder »ned« zu sagen. Nur: Es klang so, als hätte er damit am vergangenen Samstag um Punkt zwölf Uhr begonnen – und als würde er sein Sprachtuning nur bis zum letzten Wiesnsonntag durchziehen.

Das Schlimme war: Diesem Teilzeit-Münchner war sein Bayerisch nicht peinlich. Mir dagegen schon. Dabei kenne ich ihn gar nicht. »Ich hab noch a Moss getrunken.« sagte er. Ich schluckte. Kann man dürre Supermodels jetzt auch schon trinken? Ich wünschte mir einen Wolkenbruch – Ulf müsste das Verdeck seines Cabrios schließen, und ich hätte meine Ruhe.

Nun steht aber im Internet, dass ein echter Münchner Preußen Bayerisch beibringt. Und weil ich doch so gern ein echter Münchner wäre … Liebe Preußen, im Bayerischen gibt's »A«-Laute zum Sau fiadan (kleiner Rechercheauftrag: was heißt das wohl?) und ein gerolltes »R«! Der berühmte »Oachkatzlschwoaf« ist erst der Anfang. Man versuche sich mal an der bayerischen Aussprache des Orts Höhenrain – »He-a-roa«. Oder gleich an einem Satz, den ein befreundeter Schauspieler unlängst in einem bayerischen Hippiestück sagen musste: »Ihr zwoa, moan I, hobts aa oiwei Eia Mai offen, du und dei Mao.«

Wer das nicht schafft, kann immer noch schweigen. Das wirkt auch irre bayerisch.

Unerreichbare Prinzessin

»*Romeo und Julia* ist der Oberburner ever.« So was sagen Menschen heute. Ein Drama für die Ewigkeit, sagte man früher. Andererseits: Nachtigall und Lerche sehe ich derzeit selten im Glockenbachviertel, eher Schluckspecht und Schnapsdrossel. Es wird wohl Zeit für neue, große und vor allem zeitgenössische Liebesgeschichten. Und nach dem, was Tommy vor drei Jahren erlebte, muss ich sagen: Der Shakespeare kann einpacken, wenn der Schottenhamel aufmacht.

Damals fand Tommy nämlich am Tag nach seinem Wiesnbesuch einen neuen Eintrag im Telefonbuch seines Handys: »Prinzessin B.« stand da. Tommy erschrak. Er konnte sich an die meisten Momente des Vorabends erinnern, aber nicht an eine »Prinzessin B.«. Eine von Tommys Wiesnbekanntschaften hatte wohl heimlich ihre Nummer in Tommys Handy eingegeben – unter falschem Namen. Die Frage war nur: wer?

Stefan hatte einen einfachen Rat: Tommy solle einfach anrufen. Aber Tommy zögerte. Was, wenn es diese schlimme Erzieherin aus dem Isental war, die den ganzen Abend auf den Ententanz gehofft hatte? Mit der würde Tommy nicht reden wollen. Andererseits könnte es

aber auch die lustige Anwältin aus Milbertshofen sein. Mit der würde Tommy nicht reden können. Die hatte ihm zu gut gefallen, um nüchtern auch nur ein richtiges Wort zu finden. Tommy saß tagelang zögernd vor seinem Handy. Erst Mitte Oktober versuchte er sein Glück, mit einem verblüffenden Ergebnis: Die Nummer war nicht vergeben. Tommy vermutete reflexartig einen Streich von mir, aber so kreativ bin ich nicht.

Tommy begrub all seine Hoffnungen. Im Frühling darauf traf er zufällig die lustige Anwältin aus Milbertshofen wieder. Man plauderte, sie war auch nüchtern sehr charmant. Plötzlich fragte sie, warum er nie angerufen habe. Sie habe doch ihre Nummer in sein Handy eingegeben. Tommy zückte sein Handy. Man verglich die Nummern – ein Drama: »Prinzessin B.«, selbst beflügelt von ein paar Wiesnmaß, hatte seinerzeit zwei Zahlen verdreht. Und daran scheiterte alles. In der Zwischenzeit nämlich hatte sie einen neuen Freund gefunden. Und Tommy blieb Single.

Deshalb mein Rat an alle, die sich auf der Wiesn verlieben wollen: Nehmt Visitenkarten mit!

Wiesn-Krisen

Mein Kreuzbandriss hat einen riesigen Vorteil: Er bietet mir eine Ausrede, wenn ich nicht auf die Bierbänke der Wiesn-Festzelte steigen will. Was habe ich mich da in den letzten Jahren geschämt! Während meine Freunde auf der Bierbank das Lasso rausholten, stand ich daneben und klammerte mich an meinem Bierkrug fest. »Lieber trinken als tanzen« lautete mein heimliches Wiesnmotto 2010. Am Ende waren meine Freunde beseelt von Musik und Stimmung, während ich auf dem Heimweg von der Theresienwiese am Siegestor merkte, dass ich gar nicht Richtung Glockenbachviertel unterwegs war.

Betonen möchte ich eines: Zwischen der ersten und der letzten Maß, die scheinbar irgendwie abgelaufen war, gab es keine einzige Sekunde, in der ich mich für die Musik von DJ Ötzi oder Olaf Henning begeistern konnte. Als mich meine Freunde nach dem Grund dafür fragten, sagte ich so etwas wie: Ich bin nicht jahrelang zur Gitarrenstunde gegangen, um dann ausgerechnet bei DJ Ötzi auszuflippen. Anna nannte mich daraufhin Spaßbremse. Als sie im November Geburtstag hatte, sorgte ich dafür, dass sie ein kleines Bläserensemble mit *Anton aus Tirol* weckt. Anna fand das gar nicht lustig, was aber

auch daran liegen könnte, dass wir weit in ihren Geburtstag hineingefeiert hatten.

Gestern rief mich Anna an. Sie hatte beim Knobeln verloren und musste mir eine Mitteilung machen: Der Freundeskreis geht nächsten Dienstag aufs Oktoberfest. Aber alle wünschen sich, dass ich nicht mitkomme. Das sitzt, und zwar nicht nur, weil mein Kreuzbandriss plötzlich völlig sinnlos ist. Ich könnte jetzt natürlich versuchen, einen Tisch der Ungeliebten aufzumachen. Aber ich habe eigentlich keine Lust, einen Abend mit Thilo Sarrazin und Lothar Matthäus zu verbringen.

Ich werde mich am Dienstag einfach trotzdem ins Zelt schleichen. Ich werde zu den Musikern gehen und mir Mikrofon und Dirigentenstab ausleihen. Dann richte ich der Anna von einem gewissen Ronny aus Plauen die Frage aus, ob sie ihn heiraten wolle. Und danach singe und dirigiere ich *I did it my way*. Wer mich dann immer noch als Spaßbremse bezeichnet, hat selbst keinen Humor.

Auf dem Laufsteg

Schuld sind nur die Weißwürste. Wir waren im Urlaub gewesen und hatten – nach drei Wochen voller Ananas und gebratenem Gemüse – noch auf dem Rollfeld Heißhunger bekommen. Noch bevor ich den großen Rucksack absetzte, stand ein Topf mit Würsten auf dem Herd. Und wenig später lag meine Reisebegleiterin mit Bauchweh im Bett. Wer weiß, was ohne diese Weißwürste an jenem Herbsttag im Jahr 1999 passiert wäre? So aber beschloss ich, meine Turnschuhe zu schnüren und erstmals in meinem Leben joggen zu gehen.

Damals trug ich zum Sport, was für den Alltag zu hässlich geworden war: ausrangierte Baumwoll-T-Shirts und die kurzen Hosen, mit denen ich bereits zu Schulzeiten am Reck gescheitert war. Im Winter zog ich einmal eine lange Unterhose drunter, was mich für Jahre zum Gespött meiner Freunde machte. Aber im letzten Winter rettete Arjen Robben meine Ehre, indem er im gleichen Outfit die halbe Bundesliga tunnelte.

Fast elf Jahre nach meiner ersten Runde um den Kleinhesseloher See hat mein Freund Stefan ein Problem: Er will jetzt mal mitkommen zum Laufen. Und seine größte Sorge dabei ist nicht etwa, wie lange

er durchhält. Vielmehr will er sich nicht blamieren, indem er das Falsche anzieht.

Schon richtig: Der Damm am rechten Isarufer ist der Laufsteg der Münchner Amateursportler. Den Anfänger erkennt man daran, dass er in der Jogginghose zum Joggen geht. Dabei weiß doch jeder, dass die Jogginghose heutzutage ausschließlich zum Fernsehen getragen werden darf! Ein Läufer (oder jemand, der wie ein Läufer wirken will) trägt hautenge Tights und atmungsaktive Oberteile. Darauf wirbt dann manchmal der Arbeitgeber (was dem Münchner Firmenlauf geschuldet ist) oder ein kluger Veranstalter, der bei seinem

Lauf-Event Hemden an die Teilnehmer verschenkte und sie so zu trabenden Litfass-Säulen machte. Zugegeben: Meine ausrangierten T-Shirts waren auch nicht schöner. Aber ich war mir wenigstens dessen bewusst, was ich da trage.

Freund Stefan hat übrigens eine großartige Lösung für die Kleiderfrage gefunden. Er hat im Internet hautenge Tights ersteigert und ein atmungsaktives Oberteil. Darauf steht: »New York Marathon 2008«. Dieser Angeber! Ich hoffe, dass er trotzdem nach 500 Metern japsend umkippt. Denn Kleider machen keine Läufer.

Wahrheit und Weißwurst

»Den Menschen geht es besser, wenn sie nicht wissen, wie Politik und Wurst gemacht werden.« Ich weiß nicht mehr genau, ob dieser Satz von Aristoteles oder Heidi Klum stammt. Vielleicht ist er auch von Bismarck, wobei ich dunkel in Erinnerung habe, Bismarck habe sich besser mit Fischen ausgekannt. Egal – eines weiß ich jedenfalls sicher: Dieser kluge Satz stimmt.

Auch am heutigen Samstag freuen sich nämlich Tausende von Münchnern auf folgende Dinge: entsehntes Kalbfleisch, Kalbskopfteile mit Haut, Bindegewebsteile von Kälbern und Schwarten von jungen Schweinen. Das alles – und noch ein paar weitere Zutaten – wurde vergangene Nacht von Fachkräften in Schweinedärme gestopft. Und wahrscheinlich werden die Münchner ihre Zähne benützen, um das Zeug direkt aus den Schweinedärmen in ihre Münder zu schieben. Klingt ekelhaft, gell? Ist aber einer der schönsten Bräuche dieser Stadt. Viel besser kann ein Samstag nicht beginnen als mit einer echten Münchner Weißwurst.

Das wollte vor Jahren auch einmal mein Freund Stefan seiner italienischen Liebe Giovanna beibringen, als diese ihn erstmals in Mün-

Fleisch
fogal

chen besuchte. Das Problem war: Giovanna war Vegetarierin. Stefan erklärte ihr, dass in der Weißwurst kein Fleisch sei – sie probierte und war begeistert. Zwei Dinge lernen wir daraus. Erstens: Mein Freund Stefan ist der König der Lügner. Und zweitens: Die Münchner Weißwurst ist so gut, dass sie auch Vegetariern schmeckt.

Nun aber ist der Ruf der Münchner Weißwurst in Gefahr. Jeder Metzger, so urteilte ein Gericht in der vergangenen Woche, darf sein Erzeugnis Münchner Weißwurst nennen. Und dabei ist es egal, woher diese Münchner Weißwurst stammt: Schwabing oder Schwaben, Giesing oder Kirgisien – alles eins, zumindest auf dem Etikett. Aber mal ehrlich: Auf das Etikett schaut doch beim Weißwurstkauf eh keiner. Bei vernünftigen Metzgern gibt es auch gar kein Weißwurst-Etikett. Da stünde nur doch nur drauf, was drin ist, womöglich sogar in fremden Sprachen.

Giovanna und Stefan trennten sich damals übrigens ziemlich bald. Er sagt, sie hätte keinen Humor.

Grazie, amici!

Was derzeit bei uns in der Auenstraße geschieht, begann eigentlich schon 1659. Damals legte nämlich Henriette Adelaide von Savoyen, die Frau des Kurfürsten Ferdinand Maria, ein Gelübde ab: Sie werde in München eine Kirche bauen lassen, sollte sie endlich einen Erbprinzen zur Welt bringen. Der Erbprinz kam, mit ihm die Kirche, mit der Kirche die Baumeister aus Italien – und mit den Baumeistern der Barock. Wirklich wahr: Der bayerische Barock ist ursprünglich ganz und gar unbayerisch. Er wurde von Italienern importiert, als sie die Theatinerkirche bauten.

Aber der Barock war erst der Anfang. Es folgten weitere Münchner Bauten – die Feldherrnhalle etwa oder das Siegestor –, die ihre Vorbilder in Italien haben. Es folgten außerdem Weine, die ihre Vorbilder glücklicherweise nicht in Baden-Württemberg haben. Später drängten dann italienische Kaffeespezialitäten den deutschen Filterkaffee ins Abseits, was ich allein schon wegen des doofen Melitta-Manns aus der Werbung als Riesengewinn empfinde. Außerdem kamen Prosecco, Pasta und Pizza aus Italien zu uns. Ich bin dankbar dafür und möchte mich zugleich bei allen Italienern und in aller Form für die Erfindung des Pizza-Leberkäses entschuldigen.

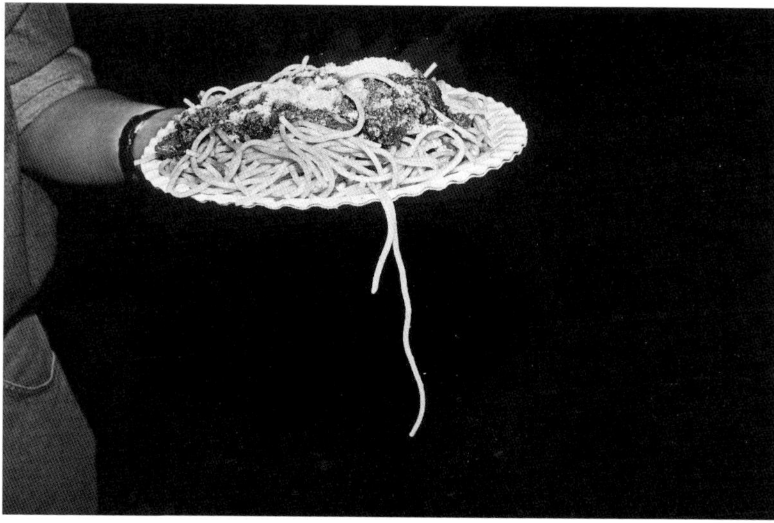

Nun kann man freilich einwenden, dass auch der Italo-Pop oder der Fußballer Ruggiero Rizzitelli aus Italien nach München kamen – und dass wir da vielleicht ganz gerne darauf verzichtet hätten. Stimmt schon! Aber insgesamt kann man sich in München nicht über die italienischen Importe beschweren.

Und jetzt also die Auenstraße! Da betreibt nämlich die Familie Spadafora einen Backshop, den ich ab und zu besuche. Und dort wird der schöne Brauch des Imports durch Italiener fortgesetzt, wenngleich die importierte Ware hier gar nicht erst über den Brenner muss. Die Spadaforas verkaufen nämlich seit Kurzem Kuchen und

Torten vom Café Winklstüberl in Fischbachau – und die sind für Kuchen-Gourmets in etwa das, was die Theatinerkirche für Barockliebhaber ist. Eines hat sich nämlich seit 1659 nicht geändert: Die Italiener wissen einfach, was gut für die Münchner ist.

Ein Plenum voller Pappnasen

In meiner Liste der überflüssigen Dinge rangiert auf Platz 27, knapp hinter der Fahrradampel an der Lukaskirche: das Wahlplakat. Was lernt man schon von Wahlplakaten? – Dass Anzugträger lächeln können. Dass Sie Nachnamen haben, die ganz groß geschrieben werden müssen. Und dass sowieso alle für den Umweltschutz sind. Das bin ich auch. Aber wen wähle ich dann? – Fest steht: In meiner bisher unbeachteten Karriere als Wähler habe ich noch nie eine Stimme aufgrund eines Wahlplakats vergeben. Eigentlich schaue ich schon gar nicht mehr hin. Es sei denn, ich stehe an der Fahrradampel an der Lukaskirche.

Im Lehel gibt es derzeit nämlich besondere Plakate zur Landtagswahl zu sehen. Ein Unbekannter hat Farbe ins Spiel gebracht, genauer gesagt: rote Farbe. Über Nacht hat er (oder sie) den Kandidaten Pappnasen verpasst – durch Aufkleber auf den Plakaten. Die Kandidaten sehen aus wie Clowns und wollen in den Landtag. Das grenzt natürlich an Beleidigung, ist Sachbeschädigung und daher aufs Schärfste zu verurteilen. Andererseits ist es halt auch einfach saukomisch.

Man stelle sich eine Landtagssitzung im Wahlkostüm vor: im Plenum lauter Pappnasen, auf der Tagesordnung eine Diskussion über die innere Sicherheit, und auf den Besucherplätzen eine Reisegruppe aus England, die sich fortan schwer tut mit der Behauptung, die Deutschen hätten keinen Humor.

Noch schöner verschandelt wurden Münchner Wahlplakate allerdings, als es im Frühling um den Einzug in den Stadtrat ging: Jeder Anzugträger, der im Glockenbachviertel von einem Plakat herunterlächelte, hatte bald einen Joint im Mund kleben. Manchem Kandidaten stand der verblüffend gut. Andere sollen sich eher aufgeregt

haben. Denen aber sei gesagt: Selbst mit einem Joint in der Biografie kann man immer noch Präsident der Vereinigten Staaten werden. Man darf nur nicht inhalieren.

Das Wunder vom Max-Weber-Platz

Manche Dinge gibt es nur im Film. Ein Onkel zum Beispiel ist reich und lebt in Amerika, solange er in einem deutschen Film aus den Sechzigern vorkommt. Im wahren Leben sieht ein Onkel wohl eher so aus wie ich: nicht reich und nicht aus Amerika, eigentlich nur Onkel.

Als sich vor ein paar Jahren meine beiden Nichten Maria und Barbara erstmals zu einem Besuch in München ankündigten, war ich entsprechend nervös. Was würde ich den Kindern schon bieten können? – 50 Quadratmeter in Haidhausen, noch dazu zur Miete, erschienen mir ein bisschen pimpfig gegen die mehreren Hektar Land, die zum Bauernhof der Nichten gehören. Die haben Tiere, gute Luft und Platz zum Austoben. Und ich?

Der Plan war, die Kinder mit Kuchen und Eis zu bestechen und sie dann auf einen Spielplatz zu schleppen. Der Kuchen schmeckte – ein guter Start. Es folgte der Weg zur Eisdiele. Und da geschah es, das Wunder vom Max-Weber-Platz: Völlig überraschend wurde ich zum Helden und dafür möchte ich mich herzlich bei der MVG bedanken. Am Max-Weber-Platz gibt es nämlich Rolltreppen, und zwar

nicht wenige und ziemlich lange. Kaum einer beachtet diese Rolltreppen im Münchner Alltag. Für meine Nichten aber waren sie die Sensation. Gegen eine ordentliche MVG-Rolltreppe sind nämlich die wenigen Stufen im Bauernhof meiner Nichten auch ein bisschen pimpfig. Wir verbrachten einen super Nachmittag miteinander – im Zwischengeschoss der U-Bahn-Station. Rauf, runter, rauf, runter! Zum Spielplatz haben wir es dann gar nicht mehr geschafft.

Wochen später erzählte mir meine Schwester von einem Spiel, das Maria und Barbara nach dem Tag in München erfanden. Es heißt »Mietwohnung«. Die wesentliche Spielregel ist, dass man ganz leise sein muss, damit die Nachbarn sich nicht gestört fühlen. »Super Spiel!«, fand meine Schwester und lachte. Der erste Besuch beim Onkel in München war also für alle ein Riesenerfolg. Fast wie im Film, gell?

Das Bubenviertel

So haben sich die Zeiten geändert: Gab früher ein unverheiratetes Paar eine Schwangerschaft bekannt, so fragte man reflexartig, ob es nun heiraten würde. Heute ist das »gschlamperte Verhältnis« en vogue. Und kommt es dabei zu einer Schwangerschaft, so ist die einzige Frage, die einen Münchner Freundeskreis bewegt: »Zieht ihr jetzt raus aufs Land?«

Meine Nachbarn Vroni und Markus bekommen bald Nachwuchs. Und ich bin besorgt. Eines der schlimmsten Vorurteile über München ist nämlich, dass die Stadt nichts für Kinder sei. Darum sucht das Partyvolk von gestern heute sein Glück in den Reihenhaussiedlungen der Vororte. Dann stehen sie in ihrem gut einsehbaren Garten und verkünden stolz, dass ihr neuer Wohnort alles habe, was das Herz begehrt. Ich kann das nicht glauben. Vielleicht liegt es aber auch nur an meinem Herzen. Eine Garage habe ich jedenfalls noch nie begehrt. Ein Abendessen mit Natalie Portman hätte ich auch in der Vorstadt nicht bekommen. Und eine der größten Odysseen meines Lebens erlebte ich ausgerechnet in Hohenschäftlarn, als ich versuchte, dort frischen Koriander aufzutreiben.

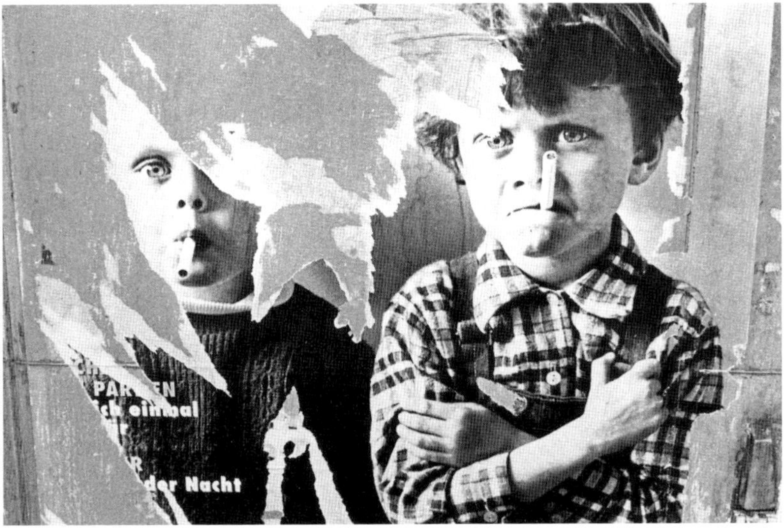

Ein Kind ist kein Grund, wegzuziehen. Mehr noch: Das Glockenbachviertel ist das Paradies für Buben. Man leihe sich einen Dreijährigen und spaziere durch meine Nachbarschaft! In den Westermühlbach wird er mit Begeisterung Steine schmeißen. An den zahlreichen Baustellen wird er so lange Bagger und Kräne beobachten, bis man sich in einem Kindercafé bei Kaba und Kuchen aufwärmen muss. Und wenn der kleine Kerl dann ganz viel Glück hat und es irgendwo im Osten der Stadt brennt (Glück ist eben doch ein relativer Begriff), dann kann er in der Fraunhoferstraße auf einmal fünfzehn Feuerwehrautos sehen. Die kommen von der zentralen Feuerwache, brettern Richtung Isar – und sorgen für Gesprächsstoff im

Kindergarten bis zum Jahr 2014. Und während das Kind Feuerwehrautos zählt, springt Onkel Glockenbach in den Asienladen und kauft frischen Koriander.

Blöd wird es allerdings, wenn meine Nachbarn Vroni und Markus eine Tochter bekommen. Denn rosa ist das Glockenbachviertel nur nachts.

Jugend forscht für München

So blass hatte ich meinen Freund Stefan noch nie gesehen. Ich tippte auf eine Nahtoderfahrung oder die Feststellung, dass der Vater seiner neuen Freundin unser alter Lateinlehrer war. Aber der Grund für Stefans Zustand war viel banaler: Am Abend zuvor hatte er seine erste Bauernhochzeit besucht. »Kennst du ›den Wein‹?«, fragte er mit schwacher Stimme. Na logo kenne ich den. So nennt man im Oberland die Brautentführung. Der Witz daran ist: Die Braut wird immer in den Keller der Wirtschaft entführt, in der man feiert. Und eigentlich geht es auch gar nicht um die Braut, sondern darum, in möglichst kurzer Zeit möglichst viel Wein zu trinken. Das Komasaufen ist also nicht die Erfindung der heutigen Jugend. Es ist vielmehr ein alter bayerischer Brauch.

Was die Jugend wirklich erfindet, war letzte Woche zu lesen. Da wurden nämlich die diesjährigen Sieger des Wettbewerbs »Jugend forscht« gekürt – und das ließ wiederum mich blass werden. Unglaublich, für was sich Jugendlichen begeistern können! Es gab eine Arbeit über die Verhaltensanpassung der zypriotischen Wassernatter an ihren niederschlagsarmen Lebensraum. Und andere Jugendliche erfanden eine computerbasierte Steuerung für das Rückwärtsfahren mit einem Anhänger.

Ich gebe es nur ungern zu, aber: Als Stefan und ich noch »die Jugend von heute« waren, da forschten wir höchstens im Bereich Zwischengeschlechtliches. Meine größte Erkenntnis dabei war, dass mein Forschungsobjekt Nicola zwar an meinen Latein-Hausaufgaben interessiert war, aber nicht an mir. Ich beendete meine Forscherkarriere schnell.

Das Projekt »Jugend forscht« dagegen geht demnächst in die 45. Runde. Nichts gegen die zypriotische Wassernatter, aber auch für München ließen sich nützliche Dinge erfinden: ein Grill, den man überall an der Isar verwenden kann; eine computerbasierte Steuerung, die immer einen Parkplatz im Glockenbachviertel findet (mit oder ohne Anhänger); und eine Art Ampel an den MVG-Rolltreppen, bei der man drücken kann, wenn man einen Richtungswechsel wünscht.

Na, ihr jungen Forscherinnen, kein Interesse? Ich würde euch dafür auch die Lateinhausaufgaben machen …

Flirt-Wallfahrten

Nach der ersten Tanzstunde war mein Freund Stefan verliebt. Die Sache hatte nur einen Haken: Das Mädchen ging nicht in unsere Schule, Stefan konnte sie mir also nicht zeigen. Er stürzte sich in Recherchen. Vier Eisbecher später wusste er alles: Sie hieß Verena, lebte in Hohenschäftlarn – und war Ministrantin.

Am Sonntag darauf verspürten wir beide eine große Lust zu beten. Wir nahmen die S-Bahn nach Hohenschäftlarn und besuchten die 9-Uhr-Messe. Verena ministrierte nicht. Wir blieben für die 10.30-Uhr-Messe. Aber die fand ebenfalls ohne Verena statt. Erst bei der Abendmesse hatten wir Glück. Das heißt: Eigentlich hatte nur Stefan Glück. Denn Verena lächelte ihn an. Ich dagegen hatte, nach drei Wandlungen an nur einem Tag, wunde Knie.

Ich hatte das alles eigentlich schon vergessen. Doch dann wollte ich am letzten Mittwoch in den Münchner Kammerspielen ein Stück mit Julia Jentsch ansehen. Dass ich Julia Jentsch sehr bewundere, wissen eigentlich alle – außer vielleicht Julia Jentsch. Und dementsprechend weigerte sich der weibliche Teil meines Freundeskreises, mich in die Kammerspiele zu begleiten. Stefan kam mit.

Seit unserer Flirt-Wallfahrt im Jahr 1988 ist er sicher noch einmal um dreißig Zentimeter gewachsen. Und als er im Parkett der Kammerspiele seinen Platz einnahm, ging das Stöhnen hinter ihm los: »Oh je, heute schon wieder nur Hörspiel!«. Stefan machte sich klein. Aber das ließ nur seinen Vordermann schimpfen, denn er hatte jetzt Stefans Beine im Kreuz. Vorwurfsvolle Blicke trafen mich von der Seite. Dabei kann ich doch auch nichts dafür: Mangelnde Beinfreiheit gehört einfach zur Münchner Hochkultur. Man denke an das Nationaltheater, das Theatinerkino, die Asamkirche: Gut wird es in München immer dort, wo es eng ist.

Stefan quälte sich durch die Vorstellung. Alle zwei Minuten suchte er sich eine neue Sitzposition. Sein Vordermann dürfte mittlerweile ein Schleudertrauma haben. Stefan dagegen hat wunde Knie. So wie ich damals in Hohenschäftlarn. Der Unterschied aber ist: Stefan und Verena tanzten damals kurz darauf Schieber. Julia Jentsch dagegen hat mich nicht einmal bemerkt.

Ein Spiel namens »München«

Es heißt, über sechs Ecken kennt man jeden Menschen auf der Welt. Das ist so eine Art »Stille Post«, nur eben weltweit. Wenn ich also beispielsweise Barack Obama zu meiner Geburtstagsfeier einladen will, dann sage ich das einem befreundeten Redakteur des »Münchner Merkur«. Der geht damit zu seinem Landtagskorrespondenten. Der Landtagskorrespondent gibt meine Einladung an Horst Seehofer weiter. Und Seehofer richtet meine Bitte dann Angela Merkel aus. Angela Merkel spricht darüber mit dem Papst. Und wenn der dann einmal wieder Barack Obama trifft, dann sagt der Heilige Vater zum US-Präsidenten: »Bitte kommen Sie zu Kiefersauers Geburtstag! Aber nehmen Sie Hausschuhe mit, denn in seiner Wohnung muss man die Schuhe ausziehen.« Wenig später steht der US Präsident vor meiner Tür. In Hausschuhen. So funktioniert networking.

Als ich noch in einer Wohngemeinschaft im Lehel wohnte, erfanden wir ein networking-Spiel. Es ging darum, über möglichst wenige Ecken möglichst prominente Menschen zu kennen. Wir lachten uns kaputt über unsere Kontakte zum Weltruhm. Mein Mitbewohner war im Zivildienst einmal dem Bruder von Franz Beckenbauer begegnet – und wurde damit Dritter. Ich hatte einmal eine Frau

umarmt, die wenige Wochen zuvor Michael Jackson berührt hatte. Das reichte für den zweiten Platz. Champion aber wurde ein Freund, der einmal auf der Toilette des Olympiastadions direkt neben Rod Stewart gestanden hatte.

München ist der perfekte Ort für dieses Spiel. Man könnte es eigentlich gleich »München« nennen. Hier gibt es unzählige Promis, die unglaublich banale Dinge tun – und genau das macht es interessant. Ich habe seit meinem Auszug sechs Jahre lang unnütze Promi-Momente gesammelt. Jetzt wird es mal wieder dringend Zeit für ein Bier mit den alten Mitbewohnern – und eine neue Runde unseres

Spiels. Denn ich habe unlängst Ralf Bauer vor dem Weichspülerregal getroffen. Ist das noch zu toppen? Ich wüsste nicht, wie.

Ach ja: Vielleicht kann irgendjemand bei Gelegenheit Barack Obama ausrichten, dass er in meiner Wohnung nicht die Schuhe ausziehen muss. Das hat der Papst leider falsch verstanden.

Der akustische Voyeur

Es passierte so um die Jahrtausendwende in Schwabing. In einer Nische in der Hohenzollernstraße sah ich einen Mann stehen. An sich eine gepflegte Erscheinung. Nur hatte er sein Gesicht zur Wand gedreht und führte ein auffallend lautes Gespräch – scheinbar mit dieser Wand. »Er ist psychisch krank«, dachte ich damals und näherte mich vorsichtig. Doch dann entdeckte ich in seinem Ohr einen kleinen Knopf und vor seiner Brust ein Kabel, das diesen Knopf mit seinem Handy verband. Die erste Freisprechanlage meines Lebens bescherte mir eine große Erkenntnis: Der Unterschied zwischen wahnsinnig und wahnsinnig wichtig ist oft nur ein kleiner Knopf im Ohr.

München sieht anders aus, seit es den Mobilfunk gibt. Es gibt weniger Telefonzellen, mehr Sendemasten – und vor allem lauter Menschen, die alles um sich herum vergessen, sobald ihr Klingelton die Münchner Gemütlichkeit um einen Shania-Twain-Song ergänzt. Wer seit jeher beim Telefonieren gerne in der Nase bohrt, macht das jetzt selbstverständlich auch auf dem Marienplatz. Und im Biergarten springen gerne einmal Menschen mit dem Handy am Ohr auf und winken wie wild. Das tut der Münchner Gemütlichkeit ähnlich

gut wie ein Shania-Twain-Song und sieht zudem richtig deppert aus. Aber vielleicht ist das auch nur eine gerechte Strafe dafür, dass die Menschen vor lauter Telefonieren verlernt haben, sich vernünftig zu verabreden.

Trotzdem beschwere ich mich nicht. Im Gegenteil: Wenn in wenigen Wochen die MVG das letzte Funkloch der Stadt stopft und für Handyempfang in der U-Bahn sorgt, dann freue ich mich darüber. Ich bin ja schließlich Drehbuchautor – und somit auch eine Art akustischer Voyeur. Der springende Punkt dabei ist: Gerade die Menschen am Handy merken nicht, wenn ich sie belausche. So mancher

Satz, den ich so in der Münchner Innenstadt aufschnappte, hat es schon in meine Drehbücher geschafft. Und mit der Entscheidung der MVG wird nun mein Jagdrevier erweitert. Wenn mir in Zukunft nichts mehr einfällt, dann kaufe ich mir einfach eine Tageskarte. Sagen Sie nicht, ich hätte Sie nicht gewarnt!

Unerwartet harte Türen

Einmal wollte ich auch dazugehören. Zur Szene. Eine Kommilitonin jobbte nämlich als Barkeeperin in einem angesagten Club. Und ich wollte sie bei der Arbeit besuchen. Der Türsteher machte sich breit, als er mich sah: »Heute nur privat!« Ich antwortete: »Ich bin ja auch privat da.« – Aber Ironie ist nicht gerade die Stärke der Münchner Türsteher.

Unsere Stadt ist bekannt für seine harten Türen. Im Nachtleben habe ich mich damit abgefunden, die Gehwege vor den Clubs besser zu kennen als die Clubs. Was mich aber verblüfft, ist die Tatsache, dass man an Münchens harten Türen jetzt auch schon tagsüber scheitern kann. Die Bank meines Vertrauens hat beispielsweise letztes Jahr den Eingangsbereich ihrer Filiale an der Müllerstraße umgebaut. Eine der Neuerungen ist: Wer jetzt zum Geldautomaten im Foyer will, muss nicht mehr seine EC-Karte in ein Lesegerät stecken. Die Eingangstür ist immer offen, man muss sie nur mit ein bisschen Kraft aufschubsen. Das Problem ist: Wer diese Kraft nicht hat, kommt nicht rein. Denn der elektrische Türöffner geht seit dem Umbau nicht mehr. Fluchende Mütter mit Kinderwägen und schlecht gelaunte Rollstuhlfahrer prägen seitdem das Straßenbild.

Was ist das für ein Gedankengang? Meint die Bank etwa, nur weil sie ihren Eingangsbereich umgestaltet, würden alle Rollstuhlfahrer geheilt und könnten wieder gehen? – Wenn ja, dann kann ich jetzt endlich erklären, wie es zur Finanzkrise kam: weil sich die Banker massiv überschätzen.

Noch so eine harte Tür: In einer verwinkelten Coffeebar am Gärtnerplatz informierte ein Schild an der Toilettentür darüber, dass man den zugehörigen Schlüssel an der Theke bekomme – Pieseln nur nach Gesichtskontrolle, auch eine Idee. Vermutlich wollte die Café-Kette so ihren Kunden (und nur denen) saubere Toiletten bieten. Einmal erlebte ich dort aber, wie ein Dreijähriger aufsprang und mit seiner Mutter Richtung Toilette rannte. Kurz drauf kamen sie zurück, spurteten zur Theke und rannten wieder Richtung Klo – diesmal mit Schlüssel. Plötzlich weinte der Bub und kam erneut zurück. Er hatte einen großen Fleck auf der Hose. Und im Gang suppte eine kleine Pfütze umher. Ein Skandal? Von wegen! Ein Erfolg: Die harte Toilettentür hatte sich doch bewährt. Denn die Toilette des Ladens war nach wie vor sauber.

Im Herrgottswinkel

Etwas hat sich getan im Glockenbachviertel: Wir haben jetzt eine Eisdiele. Sie heißt Jessas. Und eine Tafel im Fenster erklärt allen waschechten Münchnern aus Paderborn, dass Jessas das bayerische Wort für Jesus sei.

Die Eröffnung der Eisdiele beschert uns eine städtebauliche Pointe der Meisterklasse. Fährt man jetzt in der Klenzestraße Richtung Isar, so tauchen gleich nebeneinander auf: die Eisdiele Jessas, das Café Maria und die Josef-Bar. Zwanzig Meter weiter kommt dann die Werbeagentur Amen. Aus einer banalen Kreuzung im Glockenbachviertel ist der Herrgottswinkel der Stadt geworden. Das lässt Verschwörungstheoretiker blass werden. Ich dagegen wittere ein Riesengeschäft: Man könnte das ganze Viertel doch ein bisserl christlicher gestalten.

Neben dem Café Selig zum Beispiel steht eine Bar leer. Die würde ich bei einer Neueröffnung gleich Heilig nennen. Hätte man dann hintereinander zwei Geschäftstermine im Viertel, so könnte man erst die Seligbesprechung abhalten und danach die Heiligbesprechung. Neue Läden sollten im Viertel aufmachen: Schwimmmoden und

Taucherbedarf gäbe es im Sintflut, Waffen im Kain und Abel, Schnäpse im Heiligen Geist.

Andere Dinge könnte man einfach umbenennen: Das Kasperltheater, das regelmäßig in der Hans-Sachs-Straße auftritt, sollte einfach Kasperl-, Melchior- und Balthasar-Bühne heißen. Für die Seniorenresidenz in der Klenzestraße böte sich der Name Methusalem an. Und die Elterninitiative 11 Freunde in der Westermühlstraße könnte aufstocken und zur Kinderkrippe 12 Jünger werden. Für den Namen Sodom und Gomorrha gäbe es im Viertel sicherlich auch einige Kandidaten. Aber so gut kenne ich mich hier auch wieder nicht aus.

Charmant fände ich auch eine Christophorus-Fähre über die Isar, hinüber in die südliche Au. Und ganz wichtig für das Glockenbachviertel: Man sollte einen kleinen Altar aufstellen für den Heiligen Arnulf. Der beschützt nämlich die, die etwas verloren haben und es wiederfinden wollen. Und das kann sicherlich auch ein Parkplatz sein.

Immer diese Anwohner!

Wir schreiben das Jahr 2040: Maria Riesch hat gerade beim IOK das Bid Book für die niederländische Wintersportmetropole Amsterdam abgegeben. Christian Ude ist immer noch im Amt. Und mein kleiner Freund Felix, dann 35, zeigt seinen Kindern die Orte seiner Kindheit in München. Am Stachus habe er Schlittschuhlaufen gelernt, wird er den Kleinen erklären, die die Modenamen Sieglinde und Gottlob tragen. Und am Wittelsbacherplatz wird er stolz verkündigen, hier habe er Skifahren gelernt. Die Kinder werden nicht verstehen: Der Platz ist flach wie die Niederlande. Und Papa Felix wird an das Jahr 2011 erinnern.

Derzeit gibt es nämlich große Diskussionen. Darf man anlässlich der Ski-WM in Garmisch-Partenkirchen auf dem Wittelsbacherplatz eine Skipiste errichten? – Die CSU sagt: »Ja!« Die GRÜNEN sagen: »Ja, aber …« Und die Anwohner sagen: »Nein!«. Mal wieder.

Anwohner, nicht nur die am Wittelsbacherplatz, sind eine sehr spezielle Gattung. Man kennt von ihnen eigentlich nur eine Gefühlslage: Anwohner fühlen sich gestört. Ich habe noch nie von einem Anwohner gehört, der etwa einem Baggerfahrer einen Blumenstrauß

schenkt. In der Regel wird der Baggerfahrer von den Anwohnern beschimpft. Anwohner haben dafür gesorgt, dass meine Lieblingseisdiele im Glockenbachviertel um 20 Uhr schließen muss. Anwohner haben den Isar-Strand auf der Corneliusbrücke bekriegt. Ja, Anwohner sind eigentlich die größten Spaßbremsen unserer Stadt, die sich so gerne mit ihrer Weltläufigkeit brüstet.

Ich habe gewisse Probleme damit, mich in die Gedankenwelt von Anwohnern einzufinden. Obwohl ich selbst einer bin, eingezwängt zwischen Kinderkrippen (die tagsüber lärmen) und Kneipen (die nachts lärmen). Aber man kann doch nicht allen Ernstes ins Szeneviertel ziehen und dort ganztags Stille erwarten. Und wer 200 Meter vom Odeonsplatz entfernt wohnt, sollte sich auch mit dem Gedanken anfreunden, dort keine Kuhglocken zu hören (außer die von den Schweizer Skifans). Außerdem: Jeder Anwohner ist irgendwo auch einmal Lärmerreger. Wer beim public viewing in die Vuvuzela bläst, sollte es bei sich zu Hause ertragen, wenn der Nachbar im Innenhof grillt. Weltläufigkeit ist, wenn man dem anderen seinen Spaß gönnt.

Der theoretische Kunde

Von all den Schaufenstern unserer Stadt beglückt mich eines in der Baaderstraße am allermeisten: »Filme für jedes Geschlecht« steht dort in großen Lettern am Fenster einer Videothek. Ich komme selten ohne ein Grinsen daran vorbei. Vor meinem inneren Auge sehe ich nämlich, wie der jüngste Spross eines alten Adelsgeschlechts in der Videothek über Fasanenjagd und Werteverfall spricht und sich dann übergangslos *Die heißen Schenkel der liebestollen Schwedinnen* ausleiht.

Nun setzt sich meine Familie zwar seit Jahrhunderten für unser Land ein, vornehmlich im Bereich Baumfällarbeiten im Isarwinkel, aber für einen Adelstitel hat es aus mir unverständlichen Gründen bisher nicht gereicht. Deshalb gehe ich nicht in die Adels-Videothek in der Baaderstraße, sondern zu einem DVD-Automaten gleich bei mir im Haus. Das ist vom Prinzip her gleich, nur ohne Fasanenjagd und Werteverfall, weil Automat.

Vor allem aber ist es ein Luxus für einen Filmemacher. Theoretisch könnte ich dort nachholen, was ich im Kino verpasst habe. Damit meine ich nicht die *liebestollen Schwedinnen*, sondern die Art von Fil-

men, wegen der ich irgendwann einmal zu studieren begann. Aber wenn der Tag mal wieder recht anstrengend war, so wie fast jeder Tag seit dem Kindergarten, dann sind mir selbst die wenigen Treppenstufen ins Erdgeschoss ein zu langer Weg. Ich glaube, das ist eine typische Münchner Haltung: Einem Münchner genügt die theoretische Möglichkeit, Kultur zu erleben. In der Praxis lässt er anderen den Vortritt. Wir Münchner sind stolz auf unsere Münchner Museen, aber hingehen wollen wir nicht. Wenn sich das mal nicht rächt!

So wie mit meinem DVD-Automaten. Der, so erfuhr ich letzte Woche, wird nämlich Ende Februar geschlossen. Logisch: Von theoretischen Kunden, wie ich einer bin, können sich die Betreiber nicht ernähren. Es sieht so aus, als müsste ich im Jahr 2011 wieder öfter ins Kino gehen – oder damit beginnen, mich für Fasanenjagd und Werteverfall zu interessieren. Eines habe ich allerdings fest vor: Ich werde im Jahr 2011 wieder in unsere großartigen Münchner Museen gehen.

Post ins Frangenland

Einer meiner Lieblingssätze lautet: »Das macht man halt so.« Das sagt zum Beispiel ein Münchner zu seinem sehr blassen Besuch aus China, der ihm gerade beim Weißwurst-Zuzeln zusehen musste. Ein toller Satz ist das, halb Entschuldigung, halb Erziehungsmaßnahme.

Als ihn meine Tante Maria aus Nürnberg vor zwei Jahren gebrauchte, fiel die Entschuldigungshälfte irgendwie unter den Tisch. Tante Maria macht Ansagen. Ihre Frage, warum ich ihr zu Weihnachten nicht geschrieben hätte, war eigentlich ein Befehl, den es ein Jahr später auszuführen galt. Weihnachtspost nach Nürnberg muss sein. Das macht man halt so.

Ich beugte mich dem Diktat der Gewohnheit. Weihnachtspost! Was schrieb man da nur? – Aus meinem Leben wollte ich Tante Maria nichts erzählen. Sie würde es womöglich später gegen mich verwenden. Die üblichen Floskeln würden nur dazu führen, dass sie meine Berufswahl hinterfragt (»Und du willst Autor sein?«). Außerdem war die Formulierung mit dem guten Rutsch etwas problematisch, seit sich Tante Maria vor dem Haus meiner Eltern beinahe das Bein gebrochen hatte, nachdem ich eher schlampig den Schnee geräumt hatte.

Ich stotterte mit dem Stift ein paar Zeilen aufs Papier. Das dauerte. Und darüber ärgerte ich mich so sehr, dass ich beim Beschriften des Umschlags Druck ablassen musste. Das macht man halt so, als Autor. Jedenfalls schrieb ich unter das Wort Nürnberg ein weiteres Wort, eines, das Tante Maria oft verwendet, und zwar mit exakt dem beschriebenen Klangbild: »Frangenland«. Wenige Tage später wusste auch meine Mutter über meine Weihnachtspost Bescheid. Maria hatte sich bei ihr beschwert und sie gefragt, ob ich wirklich Autor sei. Oder doch Legastheniker.

Nichtsdestotrotz wurde mir auch dieses Jahr sehr deutlich signalisiert, was sich gehört. Aber ich will nicht mehr. Und ich setze alles daran, dass ich Tante Maria heuer meine letzte Weihnachtskarte schreibe. Ich besitze nämlich eine Postkarte mit dem Bild von Horst Seehofer. Direkt neben seinen Kopf stanze ich jetzt einen weihnachtlichen Stern hinein. Ein sinnfreies Motiv, aber billig!

Auf die Rückseite klebe ich dann einfach diesen Text. Frohes Fest, liebe Tante, und vor allem: einen guten Rutsch!

Nachspiel mit Baum

Anfangs war ich wirklich verliebt. Sie war so schön und roch so gut. Ich wollte ihr den ganzen Tag gegenübersitzen und sie anschauen. Aber mit der Zeit wurde sie dann doch ein wenig spröde. Sie vertrocknete regelrecht, wurde immer unansehnlicher. Da beschloss ich, sie loszuwerden. Ich warf sie einfach aus dem Fenster. Um Missverständnisse zu vermeiden: Ich schreibe hier nicht über meine Exfreundin. Ich schreibe über meine erste Nordmanntanne.

Einen Christbaum zu kaufen, ist nämlich ein Kinderspiel. Ihn nach Weihachten wieder zu entsorgen, vor allem im Glockenbachviertel, ist eine Kunst für sich. Dabei wäre es so einfach: Der Weihnachtsbaum gehört in den Biomüll, informiert die Stadt. Doch dafür ist er zu groß. Und zerkleinern geht nicht. Denn ein waschechter Glockenbachler wohnt zwar in Baum-, Palm- oder Holzstraße, aber er besitzt weder Axt noch Säge, dafür allerdings eine ansehnliche Auswahl an Bio-Trinkschokoladen.

Bei uns im Viertel werden Christbäume anders entsorgt, neapolitanisch sozusagen: Der Müll – und das ist ein ausrangierter Christbaum nun einmal – kommt einfach auf die Straße. Die Aktion folgt

allerdings einer strengen Choreografie. Zunächst hängen Hausmeister Plakate auf: »Hier keine Christbäume ablegen!« Und das ungeschriebene Gesetz des Viertels besagt nun, dass man genau vor diesen Plakaten seinen alten Christbaum ablegen muss. Innerhalb weniger Tage türmen sich die Bäume meterhoch, regelrechte Scheiterhaufen entstehen – kein schöner Anblick. Und dann? Irgendwann kommt irgendwer und lässt die alten Bäume irgendwie verschwinden.

In diesem Jahr könnte sich dieser Irgendwer allerdings mit den bayerischen Milchbauern absprechen: Die haben doch im November den umstrittenen Brauch des Haberfeldtreibens wiederbelebt und den

Hof des Bauernverbandspräsidenten Gerd Sonnleitner belagert. Vielleicht wollen die Milchbauern ja zufällig noch einen zweiten alten Brauch wiedereinführen, der in seinem Charme dem Haberfeldtreiben um nichts nachsteht: die Hexenverbrennung. Liebe Milchbauern, wenn dem so sein sollte – Scheiterhaufen gäbe es jetzt im Glockenbachviertel. Wo Sie die Hexen herbringen, ist allerdings Ihr Problem!

Kehraus reloaded

Ach ja, stimmt: Den Münchner Fasching gibt es auch noch. Er soll demnächst beginnen, heißt es, irgendwann im November. Dabei hatte ich Ende September schon den Eindruck, es wäre Fasching: Menschen zogen los, um Stimmungsmusik zu hören und viel zu trinken. Und sie verkleideten sich. Die meisten als Bayer. Urkomisch! Bis auf ein kleines Detail: Diese Menschen feierten gar nicht Fasching, sondern Oktoberfest.

Die Münchner, so scheint es, haben ihren Fasching in den Herbst verlegt. Der Kehraus ist ein Kindergeburtstag im Vergleich zu dem Moment, da im Festzelt zum letzten Mal *Sierra Madre* erklingt. Die tanzenden Standlfrauen vom Viktualienmarkt seien ja ganz nett, findet mein Freund Stefan, der Parade-Münchner. Aber die strippenden Wiesn-Touristinnen aus Australien begeistern ihn dann doch mehr.

Eine Meldung der letzten Woche wirkt da schon fast rührend altmodisch: Die Narhalla sucht ein Prinzenpaar für den bevorstehenden Fasching. Die Kriterien, die es zu erfüllen gilt, sind verblüffend: Man sollte unter anderem über einen vorbildlichen Lebenslauf verfügen –

und über eine gewisse Kondition, wenn es ums Feiern geht. Schließt sich das nicht gegenseitig aus? Suchen die wirklich den Streber unter den Partytieren? – Fest steht jedenfalls: Wenn diese Qualifikationen gewünscht sind, dann komme ich nicht als Faschingsprinz infrage. Sie können sich jetzt aussuchen, ob ich zu faul oder zu brav bin.

Wie aber ein Prinzenpaar finden? – Zeitgemäß wäre wohl eine Castingshow: »München sucht den Faschingsprinz«, präsentiert von, sagen wir: Heidi Klum. Die hat zwar nichts mit München zu tun, erst recht nicht mit dem Münchner Fasching. Aber sie kommt an. Alle, die berühmt werden wollen, wären schlagartig dabei. So groß ist der Unterschied doch auch nicht zwischen Faschingsprinz und Model: Der Kandidat muss skurriles Zeug anziehen, rausgehen, lächeln. Nur beim einen heißt es dann halt Fasching – und beim anderen Modenschau.

Die einsame Koralle

Das nenne ich gutes Timing: Die 60. Berlinale findet zeitgleich zum Münchner Fasching statt. Und ich kenne keinen einzigen Menschen, der das schade findet. Die Münchner sind froh, weil das ganze Filmgschwerl in Berlin weilt. Und das Filmgschwerl selbst feiert keinen Fasching. Wir verkleiden und verstellen uns doch schon das ganze Jahr! Dabei fände ich es ausgesprochen charmant, wenn etwa bei den Funkbällen Elmar Wepper auftaucht – und sich als Fritz Wepper verkleidet hat. Aber das wird wohl nicht passieren. Und sollten Sie am Wochenende auf einem Faschingsball Michael Lerchenberg sehen – das ist garantiert nur Edmund Stoiber, der als Lerchenberg geht.

Auch in meinem Freundeskreis war der Fasching nie sehr beliebt. Bis sich am Faschingsdienstag vor drei Jahren auf dem Viktualienmarkt ein Bauarbeiter und eine ABBA-Sängerin trafen und feststellten, dass sie erstens beide Faschingsmuffel sind und zweitens Single. Man beschloss, die ungeliebten Kostüme schnell abzulegen, fuhr zu diesem Behufe in des Bauarbeiters Wohnung – und ist heute noch ein Paar. Freund Tommy ist versorgt.

Freund Stefan wollte natürlich nachziehen. Und so rüstete er sich im vergangenen Jahr für die Oly-Lust. Aus einem Grund, den ich besser nicht erläutere, waren ihm zweihundert Einweghandschuhe aus Latex zugefallen. Stefan beschloss, sich daraus ein Kostüm zu basteln. Er pinnte jeden einzelnen Handschuh an einen Maleranzug. Ein enormer Aufwand – für ein Ergebnis, das leider etwas plump daher kam: Stefan sah aus wie ein wandelndes Noppenkondom. Er dagegen behauptete, er sei eine Koralle. Wir fuhren ins Olympiadorf und ließen uns treiben.

Die Koralle hatte Pech. Mit den Nixen lief nix. Und auch die Heidis und Pipis ließen sich meistens nur kurz auf Stefan ein. Denn eines hatte er nicht bedacht: Die Stecknadeln, mit denen er die Handschuhe an seinen Maleranzug gepinnt hatte, pieksten ständig seine Tanzpartnerinnen. Und wer will schon Schieber tanzen bis aufs Blut, mit einem Noppenkondom, das sich anfühlt wie ein Igel?

Stefan fährt am Wochenende jedenfalls zur Berlinale.

Der große Durchbruch

Ich war 14, als ich eine Biografie der Band The Police las. In Erinnerung blieben mir zwei Dinge. Erstens: Sänger Sting wusste, dass er es geschafft hat, als ein Fensterputzer vor seinem Hotelzimmer einen Police-Song summte. Und zweitens: Schlagzeuger Stewart Copeland verlor seine Unschuld in der Nacht, da er zum ersten Mal öffentlich auftrat. Noch vor meinem 15. Geburtstag kaufte ich mir eine Bassgitarre und gründete eine Rockband.

Mittlerweile habe ich meine Karriere als Musiker beendet. Heute drehe ich Filme. Und wenn ich jemanden beeindrucken will, dann backe ich Kirschkuchen. Die Liebe zu The Police ist auch etwas erkaltet. Dafür schätze ich jetzt die Musik von The Notwist.

Auf dem Rückweg vom Supermarkt komme ich immer an dem Haus vorbei, in dem Markus Acher wohnt, der Sänger und Gitarrist von The Notwist. Neulich stand ein Fenster offen. Man hörte eine Akustikgitarre. Ich überlegte: Soll ich ein Notwist-Lied anstimmen und Markus Acher somit signalisieren, dass er es jetzt geschafft hat? Andererseits: Ich könnte mit meinem Summen einen kreativen Prozess stören. Das nächste Notwist-Album würde infolgedessen mise-

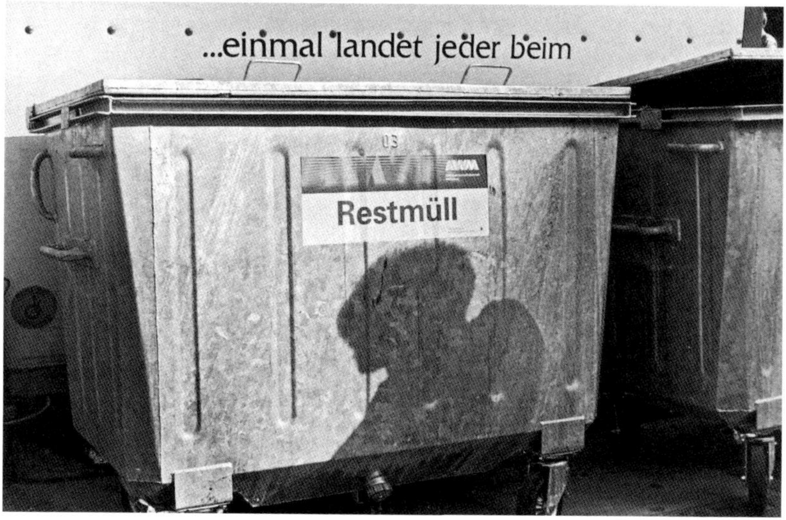

rabel. Und die Band müsste in ein paar Jahren bei der »Night of the Proms« auftreten. Nur wegen meines tödlichen Summens! Zudem hatte ich gerade zwölf Rollen Klopapier unter dem Arm klemmen. Das ist nicht der beste Moment, um sich als Fan zu outen. Und überhaupt: Was, wenn Markus Acher im Hinterhaus wohnt und der Gitarrist hinter dem offenen Fenster irgend so ein Vierzehnjähriger ist, der eigentlich nur seine Unschuld verlieren will? Wie interpretiert der dann wohl mein Summen? – Ich schwieg und ging heim. Markus Acher wird schon irgendwie erfahren, dass er es geschafft hat.

Direkt neben unserer Haustür hängen Filmplakate von der Videothek im Erdgeschoss. Ich weiß, ich werde es geschafft haben, wenn ich eines Tages durch diese Haustür gehe – und neben mir ein Plakat von einem meiner Filme hängt. Das wird nicht mehr lange dauern. Denn der Betreiber der Videothek wohnt im ersten Stock. Und er mag Kirschkuchen.

Besonders wertvolle Bürger

Das war mit Abstand meine Lieblingsinformation der vergangenen Woche: Ich bin 13 300 Euro wert, netto. Jemand hat sich nämlich die Mühe gemacht, die Zahlen der Münchner Stadtkämmerei umzurechnen auf jeden einzelnen Bürger.

Das geht so: Das Vermögen der Stadt München beträgt 20,4 Milliarden Euro. Eigentlich ganz schön viel. Aber wenn ich dran denke, dass ich unlängst 25 Euro zahlen sollte, weil das Ablaufdatum meiner (wohlgemerkt: gültigen) Parklizenz nicht gut genug zu lesen war, dann kann ich mir schon vorstellen, wie diese Summe zustande kommt. Jedenfalls: Wenn man das Münchner Gesamtvermögen durch die Zahl der Einwohner teilt, dann kommt man auf einen Wert von 15 000 Euro pro Bürger. Dann noch die Pro-Kopf-Verschuldung abgezogen – und schon ist man bei einem Nettowert von 13 300 Euro.

Nun liegt es mir fern, dem Teufel meine Seele zu verkaufen. Aber interessant finde ich die Überlegung schon, was der Teufel so alles stattdessen bekäme: 13 300 Euro – das sind über fünf abgewrackte Autos, fast zwölftausend Kugeln Eis in meiner Lieblingseisdiele oder

532 Knöllchen wegen einer schwer zu lesenden Parklizenz. Das bedeutet: Wenn der Teufel mit seinen fünfeinhalb alten Autos zum Eisessen ins Glockenbachviertel fährt, dann, na ja, dann wird er zumindest satt, obwohl er im Parkverbot steht. Ich kann mir vorstellen, wie groß die Erleichterung in der Hölle ist angesichts dieser Information.

Irritiert hat mich allerdings eine zweite Meldung: Franck Ribéry, so ließ unlängst Bayern-Manager Uli Hoeneß wissen, sei 100 Millionen Euro wert. Also so viel wie 7519 normale Münchner. Und wenn man kurz überschlägt, dann dürften Franck Ribéry, Philipp Lahm und Luca Toni zusammen so viel wert sein wie, sagen wir, ganz Schwabing.

Spätestens da scheint die Rechnung nicht mehr aufzugehen. Gibt es vielleicht ein paar Mitbürger, die man sozusagen gegenrechnen kann – also: Einwohner, die so schlimm sind, dass die Stadt Geld dafür erhält? Da fällt mir ein: Wo wohnt eigentlich mittlerweile meine Exfreundin? – Ach, lassen wir das …

MORE
OR
LESS

Lieber ohne Luxus leben

Meine persönliche Immobilienkrise sieht so aus: Ich lese den Immobilienteil der Zeitung und krieg die Krise. Zwölf Millionen Euro könnte man derzeit hinblättern für eine Wohnung in meinem Viertel. Aus dem ehemaligen Heizkraftwerk an der Müllerstraße wird nämlich ein Luxusquartier. Ich habe nachgerechnet: Wenn ich den Gürtel ein bisschen enger schnalle, könnte ich die Wohnung schon im Jahr 9342 abbezahlt haben. Dennoch zögere ich: Wie der Münchner Alltag im Jahr 9342 aussieht, ist nicht absehbar. Es ist nicht einmal gesagt, dass Christian Ude dann noch Oberbürgermeister ist.

Was bekommt man geboten für diese zwölf Millionen Euro? – Einen traumhaften Blick über die Münchner Innenstadt, einen Wahnsinns-Wellness-Bereich und einen Concierge-Service. Je länger ich darüber nachdenke, desto weniger will ich diese Wohnung. Einen traumhaften Blick über die Innenstadt hat man auch auf dem Dach der Parkgarage am Hofbräuhaus. Noch dazu ist der kostenlos. Und zum Thema Wellness-Bereich im Haus kann ich nur sagen: Solange ich nicht neben Natalie Portman lebe, lege ich keinen Wert darauf, meinen Nachbarn in der Sauna zu begegnen.

Bleibt der Vorteil eines Concierge-Services. Schon super, wenn jemand den Eingangsbereich eines Münchner Wohnhauses bewacht! Man kennt ja diese Geschichten: Nichtsahnend liegt man am Wasser. Plötzlich wird man von bewaffneten Menschen eingekesselt und muss all seine Wertsachen hergeben. Allerdings – kleines, aber nicht unwichtiges Detail – spielen diese Geschichten meist in Rio de Janeiro. Wenn man in München am Isarstrand von bewaffneten Menschen angesprochen wird, dann sind das Polizisten. Und die wollen nicht die Wertsachen, sondern dass man das Feuer im Grill löscht. So gefährlich ist die Stadt, in der wir leben. So dringend braucht man hier einen Concierge.

Freilich hat ein Concierge auch andere Aufgaben. Er empfängt beispielsweise den Besuch und meldet ihn oben an. Aber das allein macht den Besuch auch nicht angenehmer. Es hilft der schönste Blick über München nichts, wenn der Concierge im Haustelefon sagt: »Die Steuerfahndung ist da.«

NASA im Biergarten

Über den Hausmeister unserer Schule machten wir oft Witze. Böse Zungen behaupteten, er würde eng mit der NASA zusammenarbeiten, und zwar bei der Frage, wie man Wurstscheiben dünner schneiden könne als 0,0000001 Millimeter. Mag sein, dass mich meine Erinnerung trügt, aber ich glaube wirklich, die Wurstsemmeln unseres Hausmeisters wurden sogar von Vegetariern gegessen. Der Mann gilt als der Erfinder der Leberkäs-Homöopathie. Man fragt sich, warum der Nobelpreis nie an ihn ging.

Wahrscheinlich ist der gute Mann schon längst in Rente. Und das, was er einst an Wurst sparte, ist mittlerweile zu einer schönen Golfausrüstung geworden, mit der er jetzt entspannt seinem Lebensabend entgegenputtet. Vor Kurzem musste ich an ihn denken. Und zwar im Biergarten, genauer: im Hofbräukeller am Wiener Platz. Kann es sein, dass unser alter Hausl dort einen Beratervertrag ergattert hat? Geht er jetzt in einem Biergarten am Wiener Platz einer neuen Forschungsfrage nach – womöglich wieder gemeinsam mit der NASA, für die es eine schöne Abwechslung sein könnte, nach der Milchstraße auch mal einen Biergarten zu erforschen. Die Forschungsfrage jedenfalls lautet: Wie eng kann

ich Bierbankgarnituren aufstellen, ohne dass es zum Tumult kommt?

Fakt ist: So schön der Hofbräukeller ist, so dreist ist er bestuhlt. Das hat meine Biergartenbesuche radikal verändert. Früher interessierte ich mich dafür, wer mir gegenübersitzt. Mittlerweile ist es viel wichtiger, wer hinter mir sitzt. Die Münchner Gemütlichkeit ist nämlich ein relativer Begriff, wenn der Hintermann den Erich Kühnhackl gibt und dich beim Hinsetzen gegen deinen Biertisch checkt. Da reibe ich meinen Popo schon lieber an einer dieser immergleichen Blondinen, die so aussehen, als würden sie beim Privatfernsehen moderieren. Ihre Arschgeweihe stechen ja nicht. Nur: Manche dieser Frauen haben die Neigung, etwas zu laut zu reden. »Mein Dad ist der beste Koch ever«, hagelte es neulich von hinten in meinen Obazdn. Und wenn ich mich recht erinnere, flockte der schlagartig aus.

Und weil heuer alle über den verregneten August jammerten: Strahlender Sonnenschein ist schon lange kein Biergartenwetter mehr für mich. Am liebsten gehe ich zwischen zwei Regengüssen auf eine Maß. Da habe ich dann drei Tische für mich. Und Ruhe am Rücken.

Der Tod der Zettelkultur

In der siebten Klasse gefiel mir eine gewisse Margarethe. Und der gefiel es wiederum, mir ab und zu einen kleinen, gelben Zettel zu schreiben. Die meisten davon waren Pubertätsklassiker: »Ich mag dich«, und so Zeugs. Irgendwann – von wegen: Es war an einem Freitag in der fünften Stunde im Erdkundeunterricht bei Frau Heizer, und das vergesse ich nie – da erreichte mich jedenfalls so ein kleiner, gelber Zettel. Darauf stand: »Ich mag dich doch nicht.« Das bewirkte den ersten Liebeskummer meines Lebens, die ganze sechste Stunde lang. Erst auf dem Heimweg klärte sich der Sachverhalt auf: Constanze, die Banknachbarin von Margarethe, hatte sich unter fadenscheinigen Gründen einen kleinen, gelben Zettel erschlichen und mir geschrieben. Ich verliebte mich spontan in Constanze. Auch ein Pubertätsklassiker.

Ich musste erst nach München ziehen, bis ich den Reiz von handgeschriebenen Zetteln erkannte. Geduldig warteten sie an den Laternenmasten der Stadt: »Ich liebe dich, aber ich komme ein bisschen später!«, durfte ich einmal auf einem Zettel in der Innenstadt lesen. Und zur Oktoberfestzeit suchte ein Mann aus dem Glockenbachviertel eine Frau, die bei ihm übernachtet hatte. Aber er konnte sich

nicht mehr an ihren Namen erinnern. Jaja, es waren wirklich große Dramen, die sich da auf DIN A 8 abspielten – und jeder konnte sie lesen.

Im Sommer glich der Flauchersteg einem Schwarzen Brett. Eine Wegbeschreibung hing neben der anderen – nur so fand man zum richtigen Grillfest. Einmal feierten drei Florians gleichzeitig. Ich geriet aufs falsche Fest, traf aber eine Frau, die noch toller als Constanze war. Wohlgemerkt, wegen eines Zettels! Ende der neunziger Jahre aber geschah es: Das Handy kam auf. Und die handgeschriebenen Zettel verschwanden, nicht nur vom Flauchersteg, sondern aus der ganzen Stadt. Man kann ja immer noch mal anrufen, bevor man aufs falsche Fest gerät und aus Versehen seine Traumfrau trifft.

Ich glaube, dass München genau deshalb die Singlehauptstadt Deutschlands ist: Weil es hier zu viele Handys gibt – und zu wenig Zettel.

Münchner Glück to go

Andreas, mein Freund und Kameramann, hat mich in letzter Zeit gleich zweimal überrascht. Zuerst ist er weggezogen. Und dann hat er geheiratet. Jetzt spielt er mit seiner Julia »Zwei Münchner in Kraiburg« – und ich spüre den Druck auf mich wachsen. Anfangs wollte ich den beiden nur eine Umzugspostkarte schicken. Grüße aus dem Hofbräuhaus – und tschüss! Aber jetzt muss es wohl ein Hochzeitsgeschenk sein. Ein Münchner Geschenk, als Erinnerung und Glücksbringer.

Das Problem ist: Die üblichen Münchner Geschenke greifen hier nicht. Mit frischen Weißwürsten kann man heute nicht mal mehr in Berlin punkten – die gibt es an jedem zweiten Döner-Stand. Für ein Trikot der lokalen Fußballvereine muss man sich in letzter Zeit zu häufig schämen. Und diese Schneidebretter mit Münchner Fotomotiven, bei denen man dann beispielsweise seine Zwiebeln über den Türmen der Frauenkirche hackt, die erscheinen mir als Hochzeitsgeschenk dann doch ein wenig zu wenig. Außerdem will ich nicht, dass Julia und Andreas über meinem Geschenk in Tränen ausbrechen, und sei es nur wegen der gehackten Zwiebeln.

Lustig und echt münchnerisch wäre dagegen eine selbst angefertigte Laubsägearbeit, in der ich aus einem Stück Holz die Silhouette von Karl Valentin oder wahlweise Peter Gauweiler entstehen lasse. Aber das Handwerk ist nicht meine Paradedisziplin. Womöglich würde Andreas meine Valentin-Skulptur auspacken und sagen: »Der sieht ja aus wie Peter Gauweiler!«

Die Rettung für mein Münchner Geschenkdilemma kommt aus Berlin. Der Künstler Michael Ottopal ist in den neunziger Jahren einmal heimlich an die Münchner Residenz geschlichen und hat die berühmten Löwennasen, die bekanntesten Glücksbringer der Stadt, in Gips getaucht. Davon hat er Silikonabgüsse erstellt, die den schönen

Namen »Original Münchner Löwen-Glück« tragen. Münchner Glück to go, sozusagen. Wer darin nicht das schönste Hochzeitsgeschenk für zwei ehemalige Münchner erkennt, ist sowieso ein schlechter Mensch.

Lichtblick Spielplatz

Die Zeitschrift heißt *Nido*. Mehr weiß ich nicht. Denn Stefan zeigte mir nur eine Seite daraus. Er hatte sie im Café aus dem Heft gerissen und war ganz euphorisch. Der, die oder das *Nido* meldet nämlich, dass es sich nirgendwo leichter anbandeln lässt als auf einem Spielplatz. Während die Kinder im Sandkasten Baustelle spielen, baggert die Mama einen Papa an. Jedenfalls wollte Stefan unbedingt auf den großen Spielplatz am Glockenbach. Sofort.

Vielleicht sollte ich zwei Dinge erklären. Erstens: Die Mütter im Glockenbachviertel sind wirklich sehr attraktiv. Und zweitens: Stefan ist so etwas wie ein zeitgenössischer »Monaco Franze«. Ein bissl was geht immer bei ihm. Und ich stehe manchmal daneben und weiß gar nicht, ob ich mich für ihn schämen – oder ihn bewundern soll.

Die Frage, die sich Stefan in der letzten Zeit häufiger stellte, war: Wo geht denn dieses sagenumwobene »bissl was«? – Stefan ist mittlerweile zu alt für die Erstsemesterpartys an der Uni – und zu jung für diese Ü-30-Feten, auf denen sich ja doch nur 50-Jährige tummeln. Über das Internet will er sein Glück nicht probieren – dazu ist er zu stolz. Und bei der diesjährigen Wiesn ging er verblüffenderweise leer

aus. Schon klar: Da wachsen die Selbstzweifel, und ein Spielplatz mit schönen Mamas wird schnell zum Lichtblick.

Eines hatte Stefan nicht bedacht: Er ist kinderlos. Seine Sandkastenliebe würde abrupt enden, würde er nur einmal nach seinem Kind gefragt. Es kostete mich Nerven für mindestens drei Spielfilme, ihn von dem Spielplatzbesuch abzuhalten. Schließlich zerrte ich ihn auf die Auer Dult. Am Bratwurststand neben dem Ponyreiten stellte ich mich an. Er beobachtete derweil, wie die Kinder im Kreis ritten. Einige wurden von ihren Müttern begleitet. Auch sie gingen im Kreis, hielten ihre Kinder fest und lächelten verlegen nach draußen.

Als ich wieder zu Stefan kam, hatte ich zwei Bratwurstsemmeln in der Hand – und er einen Zettel mit einer Telefonnummer. Ein bissl was geht wirklich immer, sogar beim Ponyreiten.

München nervt

Den Juni mag ich nicht so gern. Meistens habe ich dann viel Arbeit und eine Allergie. Um Missverständnisse zu vermeiden: Ich reagiere nicht allergisch auf die Arbeit, sondern auf den Pollenflug. Derzeit blüht es selbst im Glockenbachviertel, wo die Straßennamen mehr Naturidylle vermuten lassen als die Münchner Städteplanung zuließ. In Baum-, Auen- und Westermühlstraße gibt es insgesamt schätzungsweise sieben Bäume. Zum Niesen reicht's. Und wenn ich den ganzen Tag mit Schuften, Schwitzen und Schniefen verbringe, bin ich ähnlich glücklich wie Michael Ballack nach dem folgenschweren Foul von Kevin-Prince Boateng.

Plötzlich nervt mich München. Wie langsam sich die Menschen in der Fußgängerzone bewegen! Dass sie nach 39 Jahren in der Münchner U-Bahn immer noch direkt an der Tür stehenbleiben und den Eingang verstopfen! Und dass es immer noch Fußgänger gibt, die sich auf die Radwege der Stadt trauen! Diese Stadt ist doch eine einzige Provokation. Manchmal vermute ich einen Komplott dahinter. Irgendwer will mir München madig machen, will mich weglocken, vermutlich in eine Stadt im Norden, einen Ort ohne U-Bahn, Fußgängerzone und Fahrradweg, in der immer

November ist. Es gibt Tage, da könnte ich dieser Versuchung erliegen.

Momentan aber bewege ich mich schlecht gelaunt durch den Münchner Juni und blaffe Menschen an. Neulich blieben zwei Menschen auf dem Viktualienmarkt sehr unvermittelt vor mir stehen, mit einem Reiseführer in der Hand. Ich weiß nicht mehr ganz genau, ob ich gerade mit Niesen beschäftigt war oder mit den langen Beinen einer Passantin. Jedenfalls rumpelte ich in das Touristenpaar und murrte etwas im Sinne von: »Augen auf beim Stehenbleiben!« Das ist ungerecht und unhöflich, ich weiß, aber ich bin schließlich ein überarbeiteter, kranker Mann. Die beiden Touristen bekamen große Augen – und freuten sich. Und die Dame mit dem Reiseführer sagte wissend zu ihrem Begleiter: »Das ist wohl dieser typische ›Münchner Grant‹!«

So sehr mich München manchmal nervt, so sehr schätze ich auch diesen einen großen Vorteil der Stadt: München ist die einzige Stadt der Welt, in der schlechte Laune als Touristenattraktion gilt. Ich glaube, hier gehöre ich hin.

Dank

München ist erst einmal nur eine Stadt: ein Fluss, Straßen, Plätze, Gebäude. Dass ich trotzdem darüber schreiben will, liegt an den Menschen, die mein Bild von und mein Gefühl für München formen. Deshalb bedanke ich mich bei Anja, Xaver und Anton für ihre Liebe und Unterstützung, bei Mike Schier für seine Grundidee und unsere Freundschaft und bei all meinen Stefans, Tommys und Annas für den Wahnsinn, den sie mit mir teilen. Ein herzliches Dankeschön auch an den *Münchner Merkur*, der mir jeden Samstag eine Spalte zur Verfügung stellt. Seit 38 Jahren will ich mich einmal bei meinen Eltern und meiner Schwester bedanken – hier ist endlich ein geeigneter Platz dafür! Und außerdem bedanke ich mich bei Alexander Liegl, Thorsten Krebs, Margit Rosen und einer Band namens »Sir Quickly« für eine gewisse Prägung in Sachen Humor.

Ein herzliches Dankeschön auch an Volker Derlath, ohne dessen Fotos das Buch nur halb so lustig wäre, sowie an Dr. Marlis Heppeler, Christina Gattys, Milena Henn und Dr. Thomas Kraft, ohne die es das Buch gar nicht gäbe.